독수리
소년단

햇살어린이 93 **독수리소년단**

글 장주식 | 그림 시은경

펴낸날 2023년 6월 23일 초판1쇄
펴낸이 김남호 | 펴낸곳 현북스
출판등록일 2010년 11월 11일 | 제313-2010-333호
주소 07207 서울시 영등포구 양평로 157, 투웨니퍼스트밸리 801호
전화 02) 3141-7277 | 팩스 02) 3141-7278
홈페이지 http://www.hyunbooks.co.kr | 인스타그램 hyunbooks
편집 전은남 | 디자인 디.마인 | 마케팅 송유근 함지숙
ISBN 979-11-5741-379-9 74080 ISBN 978-89-97175-27-7 (세트)

ⓒ 장주식·시은경 2023

이 책은 저작권법에 의하여 보호를 받는 저작물이므로 무단 전재 및 복제를 금지하며,
이 책 내용의 전부 또는 일부를 이용하려면 반드시 저작권자와 현북스의 허락을 받아야 합니다.

⚠ 주의 종이에 베이거나 긁히지 않도록 조심하세요. 책 모서리가 날카로우니 던지거나 떨어뜨리지 마세요.

장주식 역사 동화

독수리 소년단

그림 시은경

만세 조선독립

조선 독립군이 온다

현북스

차례

1. 만남 • 7
2. 이야기들 • 24
3. 독수리소년단 • 42
4. 준비 • 60
5. 벽보 • 83

6. 묶인 날개 •110

7. 할 일을 했을 뿐 •128

작가의 말 기억해야 마땅한 이름들 •150

백운호 선생 아들 백인권이 말하는 **독수리소년단** •154

1. 만남

　　백운호는 박기순과 단짝이 되어 놀았다. 단짝이 될 이유는 하늘의 별만큼이나 많았다. 그중에 아주 빛나는 별 두 개만 얘기하라면 첫째, 나이가 같다는 것이다. 그냥 같은 정도가 아니라 생일도 같은 달이고 딱 하루 차이였다.
　　"아깝다, 내가 하루만 늦게 태어날걸."
　　운호가 말하자,
　　"내가 하루만 빨랐어도!"

기순이 이렇게 대답해서 둘은 손을 잡고 깔깔깔 웃었다.

4월에 입학하는 공립보통학교에는 1월이나 2월생은 일곱 살에도 입학할 수 있었다. 그래서 1937년 4월 1일, 운호와 기순은 장호원공립보통학교에 나란히 입학했다. 동급생은 대부분 여덟 살이고 더러 아홉 살도 있는데, 운호와 기순은 일곱 살이라 서로 더 의지가 되고 정겨웠다.

둘째로 빛나는 별은 기순의 형인 영순이다. 기순과 단짝이 된 운호는 자연스럽게 영순을 만나게 되었다. 여섯 살 위인 형은 6학

년이었다. 기순을 데리러 온 형을 처음 만났을 때 운호는 느꼈다.

'아, 나 이 형을 좋아하게 될 거 같아.'

왜냐하면 영순이 이렇게 말했기 때문이다.

"오, 멋지게 생겼는데? 키도 늘씬하고 말이야."

다정한 목소리도 참 좋았다. 운호 키가 크긴 했다. 또래들 보통 키인 기순보다 머리통 하나는 더 컸으니. 키가 크다는 말은 많이 들었지만 '멋지다'는 말은 영순이 처음이었다.

그날도 운호는 기순과 만나 놀았다. 운동장 가에서 비석치기를 하는 중에 옆이 떠들썩하였다. 울타리 하나 사이로 맞붙은 운동장에 일본 아이들 다섯 명이 들어왔다. 조선 아이들이 다니는 공립보통학교와 일본 아이들만 다니는 일본인 소학교는 운동장이 붙어 있었다. 운동장 끝에는 제사를 지내는 사당 같은 게 있었다. 사람들은 그것을 신사라고 불렀다. 일본 아이들은 신사에 들어가 절을 하고 나오더니 놀기 시작했다.

일본 아이들 놀이는 칼싸움이었다. 막대기 칼을 든 아이도 있고 대나무로 만든 죽도를 든 아이도 있었다. 나무 막대기지만 잘 깎아서 진짜 칼처럼 맵시가 났다. 베고 찌르고 막는 솜씨들이 볼 만했다.

운호와 기순은 비석 돌을 손에 든 채 넋을 놓고 구경했다. 그때다. 일본 아이 중 가장 커 보이는 아이가 죽도로 운호와 기순을 겨냥하며 소리쳤다.

"빠가야로, 죠센징!"

깔보고 업신여기는 눈빛이었다. 죽도로 겨냥한 아이만이 아니었다. 다른 일본 아이들도 하나같이 입꼬리를 올리고 비웃고 있었다. 나무칼을 든 아이가 칼을 휘둘러 위협하며 소리쳤다.

"꺼져! 이 이등국민아!"

운호와 기순은 일본 아이들 서슬에 놀라 재빨리 뒤로 물러섰다.

"으하하핫!"

일본 아이들이 한꺼번에 웃음을 터뜨렸다. 운호는 몹시 기분이 나빴다. 하지만 영순 형만큼 큰 아이도 있는 데다 5명이나 되는 일본 아이들에게 대들 수도 없는 노릇이었다. 손에 든 비석을 화풀이하듯 느티나무를 향해 집어 던졌다. 애꿎은 느티나무만 줄기에 상처가 생겼다.

"왜 저래? 우린 가만히 서서 구경만 했을 뿐이잖아."

운호가 기순을 보면서 툴툴거렸다. 기순도 화가 나는지 "에잇!" 하며 비석을 느티나무에 던졌다. 느티나무에 흠집이 또 하나 생겼다.

"나쁜 놈들. 전에 우리 형하고 있을 땐 힐끔힐끔 곁눈질만 하더니. 우리 형 덩치가 크니까 겁이 났는지 지들끼리 쑥덕거리다가 버렸어. 곁눈질하는 꼴이 정말 아니꼽더라."

"그래? 영순 형은 뭐랬어?"

"뭐, 그냥 픽 웃고 말았어."

"아…… 근데, 아까 쟤들이 한 말, 이등국민이라는 거, 무슨 뜻인지 알아?"

"그, 그건 나도 모르겠는데?"

"그럼, 영순 형한테 물어보자."

운호 말에 기순이 고개를 끄덕였다. 단짝 두 친구는 기순네 집으로 달음박질쳤다.

기순네 집은 기찻길에서 가까웠다. 기차는 멀리 서쪽 바닷가 항구도시 장항에서 출발해 천안을 거쳐 장호원까지 온다. 한 칸에 쌀을 600 가마니나 싣는 화물칸이 다섯 개, 사람이 타는 객실은 한 개인 기차가 하루에 3번씩 다닌다.

"빠앙!"

마침 기차가 철길 위에 나타났다. 노탑리에 있는 장호원 역을 향해 철커덕거리며 간다. 운호와 기순은 객실에서 밖을 내다보는 사람들에게 손을 흔들었다.

"기순아, 기차 타 봤어?"

"아니."

"나도 못 타봤어. 저거 타고 서쪽 바다까지 가 보면 참 좋겠다, 그치?"

"두말하면 잔소리지."

"우리 꼭 같이 가자, 알았지?"

운호가 기순에게 손을 내밀며 말하자 기순도 "응!" 하며 손을 마주 내밀어 꽉 잡았다.

철길 밑 기순네 집에 도착했다. 초가집이 두 채인데 안채는 방 하나 넓은 마루와 부엌이 하나 있다. 큰 배나무가 선 마당 옆에 방 하나와 헛간과 뒷간이 같이 붙은 아래채가 있다. 아래채 방은 영순이 혼자 쓰는 방이다.

운호와 기순이 마당으로 들어서는데 안방에서 쿨럭! 하는 가래가 들끓는 기침 소리가 들렸다. 기순이 얼굴이 찌푸렸다. 운호도 알고 있었다. 기순네 아버지는 병이 깊어 늘 방 안에서 누워 지냈다.

영순은 집에 있었다. 개어 놓은 이불에 비스듬히 기대어 책을 읽고 있다. 놀러 온 친구 곽태현도 영순과 같은 자세로 누워 책을 읽는 중이었다. 운호와 기순이 방문을 열자 영순은 일어나 앉으며 반가운 얼굴로 웃었다.

"멋쟁이 친구, 왔어?"

역시 기분 좋은 말투. 운호 얼굴에도 저절로 웃음이 번졌다.

"얘 어디가 멋쟁이야? 난 잘 모르겠는데?"

태현이 실실 웃으며 말했다.

"멋이란 것도 말이지. 볼 줄 아는 사람 눈에나 보이는 거야, 친구."

영순이 멋지게 태현에게 한 방을 먹였다. 운호는 영순의 말에 속이 다 시원하였다. 태현이,

"그래, 넌 못 당하지 내가."

하고 피식 웃었다.

운호와 기순은 방에 들어가 앉았다. 운호가 영순을 똑바로 보며 말했다.

"형, 물어볼 게 있어서 왔어."

"뭐든."

영순이 환한 표정으로 운호에게 눈을 맞추며 대답했다.

"이등국민이 무슨 뜻이야? 아까 일본 애가 '야, 꺼져!' 하면서 그랬거든. 뜻은 몰라도 되게 기분 나빴어. 나쁜 말이지?"

"이런, 박살을 낼 놈! 지는 삼등도 안 되면서."

태현이 소리를 빽 지르는데 영순은 고개를 끄덕이고는, 낮은 소리로 말했다.

"간단해. 일본 아이가 자기네는 일등이고 우리 조선 애들은 이등이라는 거지. 완전 개무시하는 말이지."

"왜? 뭣 땜에? 난 똑같은 사람인 거 같은데?"

운호는 도저히 이해할 수가 없었다. 일본이 왜 우리나라에 들어와 살면서 우리나라 사람들을 업신여기는지 알 수가 없었다. 그리고 무시하면 무시당하고 가만히 있는 것도 의아했다. 영순이 말했다.

"일본 애들은 우리를 똑같은 사람으로 안 봐. 며칠 전에 장터에서 본 일은 나도 참 기가 막히더라. 일본 순사들이 오토바이에 먹물통을 싣고 와서 어쨌는지 알아? 큰 붓으로 먹물을 듬뿍 찍어서는, 확 뿌리더라고. 우리 조선 사람들한테."

"아니……, 왜?"

태현도 기순도 운호도 다 눈이 동그랗게 되었다.

"흰옷 입은 게 보기 싫다는 거야. 우리 아버지 엄마, 아저씨 아줌마들이 흰옷을 많이 입잖아. 일본 순사들이 흰옷 입지 말라고 경고했는데, 입었다고 그런다는 거야. 먹물로 시커멓게 만들어 주겠다는 거지."

"미친 거 아냐? 남 옷 입는 것 같고 왜 그런데?"

태현이 화가 나서 붉어진 얼굴로 말했다. 영순은 평온한 얼굴로 담담하게 대답했다.

"백의민족이란 말 들어봤지?"

태현이 고개를 끄덕이며 말했다.

"흰옷을 입는 민족이란 뜻이잖아. 우리 조선 민족."

운호와 기순은 들어본 적이 없어 눈만 말똥거리며 가만히 있었다. 영순이 계속 말했다.

"맞아. 잘 아네. 목화나 삼베 같은 우리 옷감은 물들이지 않으면 흰색이야. 우리는 그냥 목화나 삼베 옷을 입어 왔을 뿐이지. 그런데 남의 나라에 들어온 일본 놈들이 그게 보기 싫다는 거야."

"그렇다고 먹물을 뿌려? 그것도 장날에. 장날이면 사람들이 옷을 깨끗하게 빨아 입고 나왔을 텐데."

"그러니까, 일부러 장날을 골라 그런 거야. 사람이 많이 모여 온통 흰색 물결이니까, 더 보기 싫었겠지. 일본 순사들이 말이야."

"와, 짜증 난다, 정말."

태현이 손바닥으로 방바닥을 탁탁 쳤다. 영순이 말했다.

"짜증 나지. 근데 진짜로 화가 나는 일은 따로 있어. 일본 순사들에게 아부하는 조선 사람들. 난 그 사람들이야말로 일본 애들이 욕하는 이등국민이라고 생각해."

"맞아. 나도 그 말에 동의. 특히 부자라는 사람들이 그래."

태현이 말하자 영순과 기순이 동시에 운호 얼굴을 바라봤다. 영순이 얼굴에 거북한 표정이 살짝 지나갔다. 태현은 모르고 있지만, 기순과 영순은 안다. 운호네 집이 큰 부자라는 걸. 운호 아버지는 부자가 많은 장호원에서도 상위에 드는 땅이 많은 지주였다. 운호 아버지는 300석이 넘는 쌀을 생산하는 땅을 가진 지주일 뿐 아니라, 지주 셋이 동업하는 커다란 정미소도 갖고 있었다.

"부자라고 다 그런 건 아냐."

영순이 운호 눈치를 보면서 말했다. 태현은 영순의 말에 의아한 표정을 지으며 목소리를 더욱 높였다.

"안 그런 부자가 어디 있어? 부자들은 다 친일파야. 우리 담임 선생님도 그랬잖아."

"아니야. 안 그런 분도 있어."

영순이 고개를 한번 흔들고는 운호를 손으로 가리키며 말했다.

"얘, 운호네 아버님은 아냐. 내가 알기론 그래."

그제야 태현도 알아들었다.

"운호네 부자야?"

그렇다고 영순이 알려 줬다. 운호는 커다란 충격을 받았다. 영순이 아니라고 강하게 변호했지만, 태현이 말은 운호 가슴에 콕 들어와 박혔다. 부자들은 다 친일파라는 바로 그 말. 태현이 말대로라면 운호 아버지는 친일파이면서 이등국민이란 말이 된다.

영순은 완전 이야기꾼이었다. 너무나 이야기를 잘해서 오줌을 싸면서도 이야기에 흠뻑 빠진다는 전설의 이야기꾼인 방정환 선생에 버금간다고 기순이 자랑할 정도였다. 그런 영순이 이야기 솜씨도 그날은 운호를 사로잡지 못했다. 운호는 영순이 들려주는 옛이야기도 듣는 둥 마는 둥 하고 집에 돌아왔다.

운호는 집에 오자마자 아버지를 찾아갔다. 아버지는 외출하지 않으면 늘 누마루가 있는 바깥채 사랑방에 있었다. 운호네도 초가집이지만 방만 30개가 넘는 큰 집이었다. 지붕이 다른 집만 다섯 채에다 마당도 큰 마당 작은 마당 합쳐 다섯 개였다. 일꾼들이 사는 집도 세 채였다.

운호네는 큰 부자이면서도 기와집을 짓지 못한 이유가 있었다. 서울에서 높은 벼슬을 하다가 장호원으로 왔거나, 대대로 귀족 가문이라면 번듯한 기와집을 지었다. 누가 뭐라 할 사람이 없으니까 말이다. 그러나 운호네처럼 큰 벼슬을 한 적이 없거나 대대로 귀족이 아니고 땅만 가진 지주는 기와집을 지을 수 없었다.

운호네 집은 좋은 소나무로 기둥을 세우고 서까래를 얹었다. 정선이나 영월에서 남한강을 따라 뗏목으로 내려온 소나무를 청미천을 거슬러 올라 장호원으로 가져왔다. 하지만 지붕에 기와는 얹지 못했다. 기와를 살 돈은 차고 넘쳤지만, 기와를 얹어 놓아도 양반 가문에서 걷어 가면 그만이었다. 그래서 아예 대저택에 초가로 지붕을 얹었다. 해마다 지붕을 새로 갈아야 하는 일이 거추장스럽긴 해도 운호 아버지는 그게 마음 편하다고 했다.

아버지는 바깥채 누마루에 있었다. 운호가 빠른 걸음으로 마당을 뛰어오는 걸 보고 아버지가 말했다.

"온, 뭐가 그리 급하더냐. 넘어질라."

아버지 얼굴에 다정한 웃음꽃이 가득 피어 있다. 형은 장손이라고 아주 어릴 때부터 의젓하게 키워 그런지 아버지와 같이 있으면 공손하고 점잖았다. 하지만 운호는 달랐다. 아버지는 둘째 아들인 운호를 무릎에 앉혀서 귀여워하기도 했었다. 형에게는 단 한 번도 그런 적이 없는 아버지였다. 물론 보통학교에 입학하면서 부쩍 몸이 자란 운호는 더 이상 아버지 무릎에 앉을 수 없었다.

상기된 얼굴로 누마루에 올라오는 아들을 보고 아버지가 물었다.

"뭔가 급한 용무라도 있는 모양이로구나?"

"예, 아버지."

운호는 학교에서 있었던 일과 기순의 집에서 있었던 일을 대강 간추려서 아버지에게 들려드린 다음 말했다.

"일본 아이들이 왜 우리나라에 와서 살고 있어요? 왜 일본 사람들이 우리를 얕잡아 보고 욕하고 그래요?"

아버지는 약간 곤혹스러운 표정을 지었다. 아들의 질문에 곧바로 대답하지 않고 잠깐 뜸을 들였다. 운호는 가만히 기다렸다. 조금 뒤 아버지가 입을 열었다.

"네가 학교에 들어가더니 부대끼기 시작하는구나. 앞으로 점점 더 많은 일을 겪을 터."

아버지가 안쓰러운 얼굴로 운호를 바라보다가 말을 이었다.

"나라가 힘을 잃은 탓이다. 우리는 군대가 다 해산되고 일본군이 조선 팔도를 점령했으니, 이렇게 지배받는 신세가 되고 말았구나."

"그래서 이등국민이 된 거예요? 일본 아이들이 그렇게 놀렸어요."

"다 그런 건 아니다. 박승환 참령 같은 분도 있단다."

아버지는 가만가만 박승환 이야기를 들려줬다. 열여덟 살이던 1887년, 무과에 급제한 박승환은 1904년에 참령(참령은 지금의 소령에 해당하는 직급)이 되어 대한제국 정규군 시위대 1연대 1대대장이 되었다. 1907년 조선을 점령한 일본군이 대한제국 군대 해산을 명령하자, 박승환은 권총으로 자결했다.

"박 참령은 이런 유서를 남겼다는구나. '군대가 나라를 지키지 못하고 신하가 충성을 다하지 못한다면 일만 번 죽어도 아깝지 않다.' 장군으로서 나라를 지키지 못한 잘못을 목숨을 바쳐

갚겠다는 말씀이구나."

운호가 고개를 갸웃하고 말했다.

"자결하시지 말고, 일본군과 싸우는 것이 낫지 않아요?"

아버지가 고개를 끄덕였다.

"충분히 그리 생각할 만하다. 허나 박승환 참령의 죽음은 큰 값어치가 있었다. 온 나라에서 의병이 들불처럼 일어나게 한 죽음이었으니. 박 참령의 자결은 박 참령과 비슷한 뜻을 가진 사람들을 하나로 모으는 힘이 되었단다."

"그렇군요. 아버지, 알겠어요."

운호의 화답에 아버지가 빙그레 웃고 말을 이었다.

"나라가 망하는 걸 보고 목숨을 바친 분들은 박 참령 말고도 더 계신단다. 이런 분들에게 어찌 이등국민이라고 말할 수 있겠느냐. 지금도 저 먼 만주 벌판에서 조선 독립을 위해 애쓰는 분들도 많단다."

"아……."

운호는 감격스러운 얼굴로 감탄사만 내뱉고 말을 잇지 못했다. 아버지는 그런 아들의 머리를 쓰다듬으며 말했다.

"스스로 이등이라고 생각하면 그게 바로 이등이란다. 내가 일등국민의 자존심을 지키며 산다면, 어느 누가 이등이라고 깔볼 수 있겠느냐."

"예. 아버지."

운호는 다정스러운 아버지 말에 하루 내내 의아했던 마음이 조금 풀렸다.

2. 이야기들

　기순이네 아버지가 돌아가셨다. 아픈 사람에게는 더위와 추위가 견디기 힘든 법이다. 여름을 어찌어찌 넘기고 가을에 조금 나아지는 듯싶었으나, 한겨울로 접어들면서 급격하게 나빠졌다. 밤새 기침을 멈추지 못하고 피까지 토하더니 결국 설을 며칠 앞두고 세상을 떠나고 말았다.

　누런 베로 만든 상복을 입고 대나무 지팡이를 짚고 서 있는 기순과 영순이 낯설었다. 운호는 조문객이 없을 때, 기순에게 물어

보았다.

"무섭지? 아버지가 돌아가시면 난 그럴 것 같아."

"난 그렇진 않아. 아버지가 워낙 오래 누워 계셨는걸."

기순은 담담했다. 영순도 굵은 눈동자를 크게 뜨고 가만히 앞만 바라보았다. 눈물을 흘리지는 않았다. 다만 기순과 영순의 어머니는 허리를 가누지 못할 정도로 소리 내어 통곡이 멈추질 않았다. 이제 홀로 두 아들을 키워야 하는 어머니의 절절한 설움이었다.

영순은 공부를 잘했다. 중학교도 가고 전문학교도 가서 계속 공부하고 싶은 마음이 절실했지만 그럴 수 없었다. 홀어머니에 어린 동생을 둔 영순은, 일을 해야 했다. 공립보통학교를 졸업했으니 취직할 곳은 많았다. 영순은 사법대서소에 급사로 들어갔다. 책 읽기 좋아하고 글씨를 잘 쓰는 영순에겐 딱 맞는 곳이었다. 사법대서소는 읍사무소와 일본경찰주재소와 우체국이 있는 중심가에 있었다. 읍사무소나 주재소나 우체국 등에 내야 할 서류를 대신 작성해 주는 일이니, 맞춤한 장소였다.

운호도 한 살을 더 먹으니 키가 부쩍 자랐다. 발돋움하고 서면 영순과 키가 맞먹을 정도였다. 기순은 그런 운호를 보고 '장다리'라고 놀렸다.

운호는 거의 날마다 저녁을 먹고 나면 기순네 집에 놀러 갔다. 낮에는 영순이 일해야 하므로 집에 없었다. 영순은 운호가 오면 아주 반가워하면서 재미있게 이야기를 들려줬다. 고양이가 쥐를 잡는다는 아주 평범한 이야기도 영순이 하면 배꼽을 잡아야 했다.

그러던 어느 날이다. 그날도 운호는 이야기를 들으러 와 있었다.

"야, 내가 취직을 참 잘했어."

영순이 싱글벙글 웃으며 말했다. 운호도 영순이 웃으니 기분이 좋다.

"왜? 형?"

"책장에 책이 많아. 한가할 땐 책을 읽을 수도 있어. 돈도 벌고. 이런 좋은 직장이 어디 있겠니."

"잘 됐어, 형."

"그렇고말고. 자, 이거 봐라."

영순은 두꺼운 책을 한 권 들어 보여 줬다. 굵은 글씨로 제목이 적혀 있는데 한자로 쓰여 있어 운호는 더듬더듬 읽었다.

"'조선'은 알겠고…… 두 글자는 모르겠고…… 그다음은 '일'인가?"

"하하. 그래도 몇 글자는 읽네. 《조선편람일지》라는 거다. 조선 땅 곳곳의 이야기가 다 들어 있는 귀한 책이야."

운호가 책장을 후루룩 넘겨 보니 국한문 혼용이다. 한글과 한자가 섞여 있어 줄줄 읽기가 어렵겠다. 영순은 서당을 다닌 적이 있어, 어지간한 한자는 다 읽을 수 있었다. 영순이 책의 목차를 보더니 한 곳을 펴서 보여 줬다.

"충무공 이야기야. 너희들 들어봤니? 이순신 장군."

"음……, 들어 본 것도 같고."

기순이 고개를 갸웃하며 대답하는데 운호는 고개를 흔들었다. 들어 본 적이 없는 이름이다.

"걱정이네, 걱정. 충무공을 모르다니."

영순이 몹시 안타까워하며 충무공 이야기를 들려줬다. 일본군이 동쪽 바다를 새카맣게 배로 뒤덮으며 쳐들어온 임진왜란, 한 달 만에 한양이 점령당하고 임금은 북쪽으로 도망간 이야기. 나라가 몽땅 결딴이 날 판에 남쪽 바다를 지켜 낸 충무공 이순신.

싸우면 싸울 때마다 다 이겼으나 억울한 누명을 쓰고 감옥에 갇힌 이야기. 다시 수군통제사가 되어 마지막 전투에서 승리하고 장렬하게 전사한 이야기.

워낙 이야기를 잘하는 영순이 몸짓 연기까지 하며 들려준 이야기는 감동 그 자체였다. 영순이 이렇게 말할 땐 운호는 눈물까지 찔끔 났다.

"충무공이 왜적의 총탄을 맞고 이랬다는 거야. '내 죽음을 적에게 알리지 말라!' 큰 방패로 자기 몸을 가리게 한 뒤 말이지. 이순신 장군이 죽었다는 사실을 왜적이 알면 기세가 오르고, 조선 수군은 싸움에서 질 거니까. 정말 영웅다운 최후 아니니."

"와!"

기순도 감탄에 감탄을 거듭했다. 영순이 말했다.

"이순신 장군은 그렇게 왜적으로부터 나라를 지켰어. 목숨까지 바치면서. 그런데 지금 우리는 뭐니. 결국 일본에 나라를 빼앗기고 이등국민 소리나 듣고, 생각할수록 화가 나서 못 참겠다."

"……"

운호도 기순도 아무 말을 못했다. 영순이 목소리에 울분이 가득했기 때문이다. 평소의 부드럽던 영순이 목소리가 아니었다.

　운호는 참새가 방앗간 드나들 듯이 기순네에 갔다. 하루라도 영순이 이야기를 듣지 않으면 잠이 안 올 정도였다. 아버지도 어머니도 영순을 한 번 보고 나서는 괜찮은 아이라고 생각했던지, 날마다 놀러 다녀도 뭐라 하지 않았다.

　조선편람에 실린 이야기들을 영순은 참 재미있게도 들려줬다. 이야기 줄거리가 조금만 있어도 영순은 살을 붙여 흥미진진하게 만들어 냈다. 조선 팔도의 전설도 영순이 얘기하면 침을 꼴깍 삼키며 들어야 했다. 구미호, 호랑이, 지네, 구렁이 등 동물과 얽힌 이야기를 하다가 영순이 말했다.

　"너희들 백족산이 왜 백족인지 모르지?"

　"응."

　운호는 생각도 안 해 봤다. 장호원 사람이라면 백족산을 날마다 보고 산다. 그런데도 운호는 그게 왜 백족인 지를 정말 생각해 본 적이 없었다.

　"발이 백 개라서 백족이야. 일백 백(百) 발 족(足). 발이 백 개나 달린 지네 모양이라는 거야. 저 백족산이. 산 중턱에 지네굴도 있어. 너희들 안 가 봤으면 언제 한 번 같이 가 보자.”

　한여름이 되었다. 밤에도 더웠다. 그날도 운호는 기순네 집에 갔다가 영순, 태현과 함께 노탑리 청미천 강변으로 나갔다. 운호가 자기네 참외밭 원두막으로 가자고 했다. 날이 더워도 청미천 강변과 춘택늪 주변은 바람이 시원했다. 미루나무가 숲을 이룬 곳은, 그늘이 넓어 더 시원했다. 미루나무 숲 사이사이에 참외밭이 많았다. 운호네 참외밭도 거기 있었다.
　뛰기도 하고 걷기도 하면서 강변으로 나가는데 넓은 역 광장이 나타났다. 가을과 겨울이면 드넓은 역 광장이 쌀가마니로 가득 찬다. 기차에 빼곡하게 쌀을 싣고 또 실어도 날마다 쌀가마니가 역 광장에 쌓여 있었다. 이천은 물론 충주, 원주, 여주에서 모여든 쌀이었다.
　서쪽 바다 항구 장항까지 기차로 간 쌀가마니는 배에 실려 일본으로 간다고 했다. 역광장에 가득한 쌀가마니를 보고 ‘천하에 날 도적놈들 같으니라고!’ 하면서 나지막이 욕을 하던 어른들 말을 운호는 들은 적이 있다. 올해도 가을이 되면 쌀가마니가 광장에 가득 들어찰 것이다.

역광장을 지나가다가 영순이 걸음을 우뚝 멈추었다. 영순은 이층짜리 건물을 가만히 바라보고 서 있다. 동일은행이었다. 장호원에는 땅도 많고 정미소도 많고 과수원도 많고 철물점을 비롯한 온갖 상점이 즐비했다. 온갖 돈이 장호원으로 모인다고 어른들은 말하곤 했다. 그런 만큼 역 광장 앞에 커다란 은행 건물이 있었다.

"왜? 뭐 은행에 저축할 돈이라도 있냐?"

태현이 영순의 어깨를 툭 치며 물었다. 태현은 영순보다 한 살 밑이지만 학교 동기생이었다. 태현도 중학교에 가지 못하고 철물점에서 점원으로 일했다.

"그게 아냐. 독립투사가 생각나서 그런다."

"독립투사?"

"우리가 어려서 몰랐지. 겨우 6년 전 일이야. 이선용이란 독립군이 이 은행에서 군자금을 탈취한 건."

"진짜? 그런 일이 있었어?"

태현이 깜짝 놀라 눈을 둥그렇게 떴다. 운호도 기순도 은행 건물을 다시 살펴보았다.

"그래. 너희들 모르는 구나. 나도 얼마 전에 알았어. 우리 대서소에 자주 놀러 오는 사기점에서 일하는 형이 있거든. 그 형한테서 들었지. 원두막에 가서 자세하게 얘기해 줄게."

넷은 다시 걷기 시작했다. 곧 미루나무 숲이 나타났다. 역시 옷깃을 날릴 정도로 바람이 불어온다. 미루나무 무성한 잎이 흔들리는 것만 봐도 시원한 느낌이 든다.

운호네 원두막에는 일꾼이 혼자서 밭을 지키느라 앉아 있었다. 일꾼은 뜨악한 얼굴로 일행을 맞이하다가 운호를 보고는 활짝 웃었다.

"아이고, 우리 둘째 도련님이 웬일이래?"

"아저씨, 여기서 좀 놀아도 되죠?"

"그럼. 주인이 논다는데 누가 뭐라겠니?"

일꾼이 영순과 태현과 기순을 쓰윽 훑어보더니 운호에게 물었다.

"얼마나 있을 건데?"

"아마도 두세 시간쯤요?"

"잘 됐다. 그럼 내가 읍내 좀 갔다 와도 되겠구나."

"그러세요."

일꾼은 이게 웬 떡이냐, 하는 표정으로 원두막을 내려갔다.

아이들은 참외밭으로 들어가 참외를 땄다. 주인집 아들이 있으니 눈치 볼 것 없이 마음껏 따도 되었다. 다만 운호가 "노랗게 잘 익은 걸로 따야 돼."하는 조건만 걸었다. 한 사람이 세 개 또는 네 개씩 참외를 따서 원두막에 모여 앉았다.

원두막에는 참외 깎을 칼도 다 준비되어 있다. 영순이 솜씨 좋게 참외 껍질을 깎는다. 태현은 그걸 기다리지 못하고 옷깃으로 참외를 쓱쓱 문지른 다음 한 입 크게 베어 물었다.

"와, 달다!"

소리를 지르더니 영순에게 말했다.

"뭘 깎고 있냐. 참외는 껍질째 먹어야 제맛이 나느니라."

태현이 마치 나이 든 할아버지 목소리를 흉내 냈다.

"진짜? 어디."

기순도 참외 하나를 들어 바지에 쓱 닦은 다음 크게 한 입 깨물었다. 버적버적 씹더니 기순이 말했다.

"껍질이 좀 질기긴 해도 맛있다."

그렇게 기순과 태현은 껍질째 먹고 영순과 운호는 칼로 깎은 것을 먹었다. 참외 한 개를 다 먹고 나서 태현이 말했다.

"아까, 그 누구라고 했지? 이 뭐라는 독립투사 얘기 좀 해 봐."

"이선용."

영순이 또박또박 이름을 말하고는, 이야기를 들려줬다.

"우리가 아까 본 은행 있잖아. 거기서 이선용 독립군이 태어난 집은 멀지 않아. 이 동네 지리를 손바닥 보듯 알고 있었다는 얘기지."

1910년에 태어난 이선용은 열여덟 살이 되던 1928년에 만주로 건너갔다. 이선용이 만주로 간 다음 해인 1929년 5월, 항일투쟁을 하던 지도자들이 모여 조선혁명군이라는 독립운동단체를 만들었다. 조선혁명군은 친일파들을 처단하고 일제의 기관을 파괴하며 일본군과 싸웠다. 군대 병력은 1만 명 정도였다.

이선용은 자연스럽게 많은 독립군 부대 중에서도 이름난 조선혁명군이 되었다. 그리고 독립군 자금을 마련하기 위하여 1932년 국내로 들어왔다. 지리를 잘 알고 있는 장호원 동일은행지점에서 군자금을 탈취하기로 결정했다.

"세상에! 단 혼자서 들어갔대. 육혈포 한 자루를 들고서."

영순이 비장한 얼굴로 말했다. 듣고 있는 세 아이는 침을 꼴깍 삼켰다.

꿈에도 생각하지 못한 일이 벌어지자 은행 직원들은 덜덜 몸을 떨었다. 그리고 이선용이 건네준 자루에 현금을 담았다. 시커면 총구가 겨누고 있으니 어찌 시키는 대로 안 할 수 있으랴. 자루에 담은 돈은 자그마치 1만 2175원(당시 돈 1원은 현재 1만 5000원 정도이므로, 현재 돈으로 치면 약 2억 원 정도)이었다.

자루를 짊어진 이선용은 잽싸게 달아났다. 청미천을 건너 오갑산으로 들어갔다. 장호원에서 태어나 18년을 살았으니 주변 지리는 눈감고도 다닐 정도였다. 장호원 일본 주재소는 비상이 걸렸다. 하지만 이선용의 모습은 그 어디에도 없었다. 결국, 일본 경찰은 여주, 원주, 충주까지 총동원령을 내렸다. 경찰뿐 아니라 일본군 대대까지 출동해서 포위망을 폈다.

거대하고 촘촘한 그물을 펴고 죄어드니 결국 이선용은 잡히고 말았다. 충주 앙성 샘개나루를 건너 원주 귀래면 미륵산 화전민

초막에 숨어 있다가 일본군이 쏜 총을 맞고 체포되었다. 경성으로 압송된 이선용은 치안유지법 및 살인미수라는 죄목으로 15년 형을 받고 감옥에 갇혔다.

"이선용 독립투사가 감옥에 간 날이 1932년 5월 23일이래. 지금부터 딱 6년 전. 이분은 지금도 감옥에 갇혀 있어."

"와…… 우리 마을 사람이…… 그런 분이 있었어."

태현은 말을 더듬었다.

"그래. 우리 마을 분이야. 나이도 스물두 살이었어. 지금 내 나이보다 여덟 살밖에 많지 않아."

영순이 말을 멈추고 세 아이를 하나하나 살펴보고 나서 말했다.

"나도 독립군이 될 거야. 열여덟 살이 되면, 만주로 가겠어."

영순이 얼굴에 단호한 결심 같은 것이 어렸다.

"형!"

기순이 깜짝 놀라 영순을 불렀다. 영순이 기순의 손을 꽉 잡았다.

"언젠가 너한테 얘기하려고 했어. 마침 지금이 좋은 때인 것 같다. 형은 굳은 결심을 했으니까, 너는 어머니 옆을 지켜야 한다."

"형……."

기순은 말을 잇지 못했다. 영순이 운호와 태현을 보고 말했다.

"난 너희를 믿기 때문에 이런 말을 한 거야. 내가 독립군이 되려고 한다는 말은 누구에게도 하지 마. 특히 일본 순사가 알면 곧바로 잡혀갈 거야. 알았지."

태현과 운호가 크게 고개를 끄덕였다. 운호는 가슴이 쿵쿵거렸다. 막연하게 생각했던 어떤 무서운 일이 생기는 것 같았다. 그만큼 영순이 대단해 보이기도 했다.

여름이 지나고 가을이 되었다. 여전히 영순의 이야기는 이어졌다. 무엇보다 재미있는 건 삼국지 이야기였다.

"삼국지 책은 집에 못 갖고 가게 해."

대서소에 삼국지 책도 있는데 집에는 못 가져가고 사무실에서는 읽을 수 있게 한단다. 영순은 짬 날 때마다 읽고는 아이들에게 들려줬다. 특유의 재미있는 화법으로.

"난세에는 영웅이 태어난대."

중국 삼국시대는 날마다 전쟁이 벌어지던 난세라고 했다. 태현이 말했다.

"그럼, 지금도 난세네. 우리 독립군하고 왜놈들이 싸우고, 왜놈들은 중국하고도 싸우니까."

"그렇지. 맞아. 지금 우리는 난세에 살고 있어. 그래서 말인데, 우리도 동맹을 맺자."

영순의 말에 태현과 운호와 기순이 다 귀가 번쩍했다. 영순이 말했다.

"지난번에 얘기했지? 도원결의. 유비, 관우, 장비 세 사람이 복숭아밭에서 의형제를 맺는 거 말이야. 우리도 그거 하자."

"형, 우리는 넷인데?"

운호가 말하자 영순이 씩 웃으며 대답했다.

"기순이는 내 친동생이잖아. 의형제가 될 수 없지. 의형제는 성이 서로 다른 사람끼리 형제를 맺는 거니까."

"아, 그렇구나."

운호가 고개를 끄덕이자 기순도 그제야 벙싯 웃었다.

"그럼, 바로 하지 뭐. 시간 끌 거 없잖아."

태현이 서둘자 영순이 말했다.

"그래도 뭐 좀 준비해서 하자. 삼국지 도원결의처럼 술은 못

마시더라도."

"술 못 마실 거 뭐 있냐. 내가 막걸리 한 되 받아 올까? 나 술 마셔봤다."

태현이 큰소리를 치자 영순이 "뭐, 그러든지" 하고 선선하게 대답했다. 태현이 잽싸게 양조장으로 달려갔다. 태현은 금방 막걸리 한 되를 받아서 돌아왔다. 그동안 영순은 한지를 한 장 내놓고 붓으로 큼직하게 글을 썼다. 글 내용은 간단했다.

"자, 이름 뒤에 손바닥을 찍어라."

영순이 자기 오른 손바닥에 먹물을 묻히며 말했다. 태현과 운호는 붓으로 먹물을 발라 자기 이름 뒤에 찍었다. 운호는 뭔가 으쓱한 느낌이 들었다. 좋아하는 형들과 어깨를 나란히 하는 듯하여 기운이 막 솟았다. 손바닥을 찍지 못한 기순은 얼굴을 찡그리고 있다. 하고 싶은데 못하고 있으니 불만스러운 얼굴이다. 영순이 그런 기순의 어깨를 부드럽게 감싸며 말했다.

"기순아. 의형제 동맹이라니까. 넌 나와 친형제야."

하지만 기순은 찡그린 얼굴을 풀지 않았다.

영순과 태현은 막걸리를 한잔 가득 따라서 마시고 운호와 기

순은 한 모금씩 마셨다.

동맹 의식을 마친 뒤에 영순이 말했다.

"이제 시작이야. 우리 3인 동맹과 기순이가 중심이 되어 소년단을 만들도록 하자."

"소년단?"

태현이 물었다. 운호도 기순이도 묻고 싶은 말이다.

"응. 소년단! 건아단 같은 일본에 아부하는 소년단이 아니라, 우리 조선의 독립을 쟁취할 소년단 말이야."

영순이 주먹을 불끈 쥐어 들어 올리며 말했다.

3. 독수리소년단

　이야기꾼 방정환이 이끌던 천도교 소년회는 1922년 5월 1일에 '어린이날'을 선포하며 어린 소년들을 귀하게 대접하자고 했다. 방정환은 1923년 3월에 어린이를 위한 잡지 〈어린이〉를 만들었다. 책 읽기 좋아하는 영순이 집에는 〈어린이〉 잡지도 몇 권 있었다. 운호도 자연스럽게 그 잡지를 보게 되었는데, 방정환이 쓴 글이 마음에 쏙 들어왔다.

어린이는 어른보다 한 시대 더 새로운 사람입니다. 어린이 뜻을 가볍게 보지 마십시오. 싹을 위하는 나무는 잘 커 가고, 싹을 짓밟는 나무는 죽어 버립니다.

운호는 방정환 글을 아주 외워 버렸다. '어린이는 더 새로운 사람'이란 말이 특히 좋았다.

잡지 〈어린이〉는 월간이었는데, 3만 부 넘게 판매되어 10만 독자가 보는 큰 인기를 누렸다. 방정환은 소년회를 만들어 활동하는 것이 좋겠다고 잡지에도 쓰고, 강연을 다니면서도 주장했다. 그래서 온 나라 지역마다 소년회가 생겨났다. 소년들은 스스로 모임을 만들고 잡지도 만들며 여러 가지 활동을 했다.

그런 조선 아이들의 소년회 활동을 가만히 보고 있을 일본이 아니었다. 1937년에 조선총독부는 이렇게 발표했다.

전국의 모든 소년회는 해체한다.

방정환이 그토록 염원하던 '위대한 예술을 품고 있는 어린이!

자유로운 행복만을 갖춘 어린이!'와는 거리가 멀어도 너무나 멀었다. 결국, 그 많던 소년회는 다 해체되거나 몰래 숨어서 활동할 수밖에 없었다.

장호원에도 장호원 소년회, 샛별 소년회, 장호원 소녀동우회, 장호원 소년단, 장호원 36호대 등이 있었는데 다 해체되었다. 상황이 이러했으니 운호네 3인 동맹은 소년단을 조직하여 활동하려면 숨겨야 했다. 3인 동맹을 맺던 날 영순이 이렇게 말했다.

"우리 동맹은 같은 뜻을 가진 사람 외에는 절대로 알아선 안 돼. 부모 형제도 마찬가지야."

다만 뜻을 같이할 소년들을 더 모아서 소년단을 만들기로 했다.

"몇 명이나?"

태현이 물었다. 영순도 인원수를 딱 정해 놓은 적이 없는지라 잠깐 머뭇거리다가 이렇게 대답했다.

"열 명은 넘어야 하지 않을까? 그래 열 명이나 열다섯 명 정도로 하자."

"열 명으로 한다 해도 우리 넷이 두 명 이상씩 모아야 되네?"

"뭐 그 정도야 어렵지 않을걸?"

영순이 빙긋 웃으며 운호를 바라보았다.

"난 두 명 있어."

운호가 자신만만한 얼굴로 대답했다. 운호는 대답하면서 이상한과 이범상을 떠올리고 있었다. 기순이만큼 단짝은 아니지만, 2학년이 되어 만난 상한이와 범상이는 마음이 척척 잘 맞았다.

하나둘 소년단 단원 후보가 될 만한 아이들을 데리고 영순이네 집에 모였다. 영순이가 들려주는 재미난 이야기를 듣는다는 구실이었다. 이야기는 재미있게 듣다가도 독립군 이야기를 하거나 일본군을 나쁘게 말하는 이야기가 나오면 노골적으로 얼굴을 찌푸리는 아이가 있었다. 당연히 그런 아이에겐 소년단 이야기는 하지 않았다.

상한이와 범상이는 운호 예상대로 아주 적극적으로 소년단 활동에 찬성했다. 태현이 김순철과 조태옥을 데려오고 영순이 박기하와 이상진을 모임에 소개했다.

그렇게 단원 열 명이 모이는 중에 해가 바뀌고 운호는 한 학년 올라가 3학년이 되었다. 운호는 미루나무처럼 키가 쑥쑥 자랐다. 한 해에 10센티미터 이상 크는 것 같았다. 벌써 영순이 키와 비슷

할 정도였다.

단오가 가까워지고 있었다. 장호원은 물론 큰 다리 건너 충청도 감곡도 들썩거렸다. 어른들은 큰 단오놀이가 있을 거라고 했다. 그날도 영순이네 집에 10명이 모였다. 태현이 영순에게 말했다.

"이제 창립해야지? 우리 소년단."

"음. 내 생각엔 8월에 하는 게 좋겠어."

"8월? 왜?"

태현의 궁금증은 다른 아이들의 궁금증이기도 했다. 다들 영순의 입에 주목했다.

"8월 29일에 창립하자. 그날은 국치일이잖아. 우리 조선이 나라를 잃어버린, 바로 그날이야. 우리는 우리나라를 되찾자는 소년단이니까. 나라를 잃은, 바로 그날 힘차게 출발하자는 거지."

"와!"

박수가 터졌다. 영순이 살짝 달아오른 얼굴로 덧붙였다.

"중국에 대한민국 임시정부가 있는데, 중국에서 싸우는 독립군들은 국치일에 밥을 굶는대. 하루 밥을 굶으면서, 나라 잃은 부끄러움과 슬픔을 되새기고 독립 의지를 다지는 거지."

"오! 역시 영순이는 모르는 게 없네. 그럼 우리도 그날 점심 한 끼라도 굶자."

태현이 큰 소리로 맞장구를 치자, 여기저기서 "좋아!" "옳소!" 하며 손뼉을 쳤다.

어른들은 날씨가 수상하다고 했다. 뭔가 큰 더위가 올 것 같다고 했다. 아닌 게 아니라 단오가 가까워지면서 이상하게 무더웠다. 단오 무렵이면 그리 더운 계절이 아니었는데 말이다. 이열치열이라 했던가. 덥다면 더 열기를 뿜어 더위를 이기려는 심사인지도 모르지만, 단오 행사 열기는 정말 대단했다.

해마다 장호원 단오 행사는 온 나라에 이름이 높았다. 씨름과 그네뛰기는 상을 타러 충청도와 경기도는 물론 경상도에서까지 씨름꾼과 그네 꾼이 오기도 했다. 단오 행사는 단옷날부터 시작해 5일간 열리는데, 행사 동안에는 청미천 백사장은 그야말로 사람 산이요 사람 바다였다. 일본군이 중국과 전쟁에서 연전연승하는 분위기라, 일본 순사들은 장호원 단오 행사를 크게 열라고 오히려 부추겼다. 물론 중간중간 일본군 승리를 축하하는 순서와 천황폐하 만세를 외치는 순서가 들어가야만 했다.

운호네 소년단 아이들도 놀러 나갔다. 아이들에게 가장 인기 있는 순서는 단연 안성 남사당패 놀이였다. 안성 남사당패는 전국에서 첫손 꼽는 패거리인데, 장호원에서 가까운 곳이라 사당패가 다 참여했다. 기차에서 내릴 때부터 남자 여자 30명이 넘는 사당패는 인기였다.

사당패는 역 광장에서부터 꽹과리를 치고 피리와 태평소를 불면서 길놀이를 한다. 광장에 모여 있던 사람들은 어깨를 들썩이거나 다리 춤을 추면서 사당패를 따라 걸었다. 운호네 소년단도 역 광장에서부터 사당패를 따라 걸었다.

행사가 벌어지는 장소 큰 마당에 들어선 사당패는 희한한 재주를 뽐내기 시작했다. 여자 사당들은 댕기 머리에 고깔을 쓰고 빨강, 파랑, 노랑, 검정 등 형형색색의 너울을 손에 들고 덩실덩실 춤을 춘다. 사당패의 최고 인기 종목은 무등타기였다.

그날도 남자 사당들 무등 5패가 나왔다. 4패는 이단 무등이고 1패는 삼단 무등이었다. 삼단 무등을 보는 관중들 입에서 저절로 아, 하는 감탄들이 터져 나왔다. 굵은 참나무처럼 튼튼하고 덩치 좋은 중년 남자가 맨 아래 서고, 그 어깨 위에 날씬한 청년이 올라서고, 마지막으로 청년 위에 어린 무동이 올라서서 재주를 부렸다.

운호와 기순은 입을 벌린 채 무동을 쳐다보았다. 아홉 살이나 됐을까, 운호나 기순이와 비슷한 나이로 보인다. 무동은 입에 꽃과 팔랑개비를 물었다. 바람에 꽃이 흔들리고 팔랑개비가 돌았다. 그냥 서 있기도 무서운 높이일 텐데, 무동의 얼굴은 태연했다.

사람들 눈과 귀가 모두 삼단 무등에 쏠려 있는데, 맨 아래 남자 사당 몸이 휘청거렸다. 그러니 그 위 청년도 몸이 휘청! 맨 꼭대기 무동 아이는 곧 떨어질 듯 크게 흔들렸다.

"아아!"

"저, 저런!"

사방에서 놀란 소리가 터져 나왔다. 그러나 무동 아이는 두 팔을 파라라락 날개처럼 흔들고 허리를 꺾어서 균형을 잡더니 다리에 힘을 주고 똑바로 섰다. 관중들은 가슴을 쓸어내리며 손뼉을 크게 쳤다.

바로 그때다.

"삐이익!"

날카로운 쇠 호각 소리가 들려왔다. 이어 일본 순사들이 떼로 몰려왔다. 오토바이를 타고 온 순사도 있고 자전거를 탄 순사도 있고 뛰어온 순사도 있다. 열 명이 넘는 순사들이 곧바로 무등놀이 속으로 뛰어 들어갔다. 오색 찬란한 너울을 날리며 춤을 추던 여자 사당들은 비명을 질렀고, 무등을 놀던 남자 사당들은 균형을 잃고 넘어지고 자빠졌다.

"아이고!"

"저, 저, 아이 떨어진다!"

삼단 무등의 맨 꼭대기 아이가 땅에 곤두박질치고 있었다. 몰려든 일본 순사가 모두 삼단 무등을 놀던 사당을 감쌌기 때문이다. 정확하게는 날씬한 청년을 노리고 있었다. 당황한 청년이 도망가려고 땅으로 뛰어내리면서 자기 어깨 위 아이를 품에 안았으나 균형을 잃고 같이 나동그라졌다. 무동 아이는 그대로 땅에 얼굴을 박았다. 대번에 코에서 붉은 피가 쏟아지는 게 보였다.

일본 순사 셋이 청년을 찍어누르고 있었다. 청년은 몸을 버둥거리면서도 목소리를 높여 외쳤다.

"대한 독립 만세!"

가냘픈 몸에서 뿜어져 나온 힘찬 목소리였다. 갑작스런 사태에 구경꾼들은 모두 얼어붙었다. 일본 순사들이 치켜든 총에서 언제 총알이 불을 뿜을지 모르는 긴장감에 꼼짝할 수가 없었다. 목구멍까지 소리가 올라왔어도 되삼켜야 했다. 순사를 막으려 했다간 총알이 몸 어딘가를 뚫고 갈 것이다. 누가 감히 나설 수 있겠는가.

운호는 옆에 서 있는 영순을 바라보았다. 영순은 눈을 크게 뜨고 공연 마당을 노려보고 있었다. 영순은 두 주먹을 꽉 쥐고 있었다. 운호는 영순이 마당으로 뛰어나갈 것 같아 조마조마했는데 끝내 영순은 움직이지 않았다.

"에잇!"

순사들에게 끌려가는 청년을 보면서 영순은 억눌러 소리 질렀다. 그리곤 단오놀이도 재미없다면서 둑방으로 올라갔다. 운호도 기순도 그 뒤를 따라 걸어갔다.

어른들 말은 맞았다. 정말 지독한 더위였다. 가만히 서 있어도 몸에서 땀이 줄줄 흘렀다. 중국에서는 민간인 수십만 명이 일본군에게 학살당했다는 소문이 들려왔다. 그러는 중에도 만주를 비롯한 중국 땅 곳곳에서 독립군들이 일본군과 싸우고 있다는 얘기도 같이 들려왔다.

8월이 되면서 그 대단하던 폭염의 기세가 조금 꺾였다. 8월 중순, 영순의 집에서는 소년단 창단을 위한 본격적인 준비를 시작했다. 그때까지 뜻을 함께하겠다고 모인 아이는 모두 14명이었다. 나이가 가장 어린 애는 운호가 데려온 김만식이다. 만식이는 이제 1학년에 갓 입학한 8살이다. 8살이어도 만식이는 생각이 단호하고 분명했다. 운호는 자기 결심이 만식이보다 단단한지를 스스로에게 물어볼 정도였다.

단원 14명이 모두 모인 자리에서 영순이 말했다.

"맨 먼저 우리 소년단 이름을 정해야 해. 각자 생각한 게 있으면 의견을 내길 바란다."

다들 눈만 말똥거린다. 딱히 이름을 생각해 본 적이 없는 게 분명한 표정들이다. 그럴 줄 알았다는 듯 영순이 빙긋 웃으며 말했다.

"그렇다면 내가 생각한 이름을 말할게. 나는 '황취'를 생각했어."

"황취?"

태현이 되묻고, 다들 궁금한 눈으로 서로 돌아보았다.

"황취는 거칠 황(荒)에 독수리 취(鷲)야. 근데 거친 독수리가 아니라 용감한 독수리란 뜻이지. 왜놈들이 자기네 소년항공학교의 생도들을 애칭으로 부르는 이름이야."

"왜놈 생도들 애칭이라고? 근데 왜 그 이름을 쓰자는 거야?"

이번엔 박기하가 물었다. 기하는 늦게 들어왔지만, 활동에 매우 적극적이었다. 그래서 일찌감치 조장 감으로 점 찍혀 있었다. 단장이야 누가 뭐래도 영순이었고.

"그래서 일부러 쓰자는 거야. 우리 목표를 숨기기 안성맞춤이니까. 우리가 황취소년단이라고 하면, 혹시 일본 순사들이 들어도 수상하게 여기지 않을 거니까."

"아. 그렇겠다. 좋은 생각인데."

기하가 고개를 크게 끄덕였다. 다른 단원도 기하와 생각이 다르지 않았다. 다들 역시, 하고 영순에게 감탄하는 눈빛이다.

"순사가 뭐라고 하면, 우린 아라와시(황취의 일본어 발음) 소년단이라고 왜놈 말로 해 줘도 돼. 다들 찬성?"

"찬성!"

모두 크게 외쳤다. 그러자 영순이 말했다.

"겉으론 황취라고 부르지만, 우리는 우리말로 '독수리'라고 하자. 열심히 공부하고 훈련해서 열여덟 살이 되면 독수리처럼 만주로 날아가자. 그리고 독수리처럼 용맹하게 왜놈들을 무찌르자."

영순이 오른 주먹을 불끈 쥐고 들어 올렸다. 좋아! 하고 외치며 단원들이 다 같이 주먹을 높이 들어 올렸다. 독수리에 대해 서로 아는 걸 얘기하며 시끌시끌한데, 영순이 말했다.

"한 가지 더 논의할 게 있어."

영순이 아이들을 둘러보자 모두 말을 멈추고 영순을 바라보았다.

"우리가 창단식을 할 때, 벽에 일장기를 걸고 할 수는 없잖아. 왜놈 순사를 완벽하게 속이려면 이름뿐 아니라 본부에 일장기도 걸어 둬야 하는데, 그건 너무 싫거든. 진짜로 하고 싶은 건 우리 태극기를 거는 건데, 그건 너무 위험하고 말이야."

"……"

갑자기 고요해졌다. 3·1 만세운동 때, 목이 터져라 대한 독립 만세를 외치며 흔들었던 태극기를 벽에 걸 수 없다는 사실에 하나같이 서러운 표정들이다. 황취든 아라와시든 이름이야 위장하기 위해 얼마든지 써도 되지만, 일장기 앞에서 맹세할 수는 없었다. 다들 똑같은 생각을 하고 있었다.

운호도 손에 턱을 괴고 생각하는 중이었는데, 번쩍! 하고 머릿속으로 떠오르는 것이 있었다. 며칠 전 담임선생님에게 들은 이야기.

'일본이 온 세계를 잡아 먹겠다고 욕망을 드러냈다. 중국과 전쟁에서 계속 이기니, 이제 아시아는 물론 유럽까지 넘보려고 한다. 그래서 지금 유럽에서 전쟁을 일으키려는 나치당이 이끄는 독일제국과 동맹을 맺었다.'

운호는 그 생각이 난 게 신통했다. 운호가 손을 들고 말했다.

"독일제국 국기를 벽에 걸면 어때?"

"뭐?"

모두 운호에게 집중했다.

"일본이 독일제국과 동맹을 맺었대. 그러니 독일 국기는 걸어 놓아도 뭐라 하지 않을 것 같은데? 일장기는 절대로 걸 수 없어!"

잠깐 정적이 흘렀다. 그러나 침묵은 오래가지 않았다. 영순이 "으하핫!" 하고 큰 웃음을 터뜨리며 말했기 때문이다.

"이런, 백운호! 역시 멋쟁이인 줄 알았어. 기가 막힌 생각이다. 일장기는 싫고 태극기는 못 걸 바에야, 독일제국 국기 좋지. 황취라는 이름에 독일 국기라, 독일제국 국기에도 독수리가 있더라. 이거 완벽한 위장 전술이다. 끝내준다!"

영순이 너무 좋아하니 운호는 오히려 얼떨떨했다.

어쨌든 벽에는 독일제국 국기를 걸기로 하고, 하얀 천에 그리는 일도 운호가 맡게 되었다. 그림을 잘 그리는 김순철이 도와주겠다고 나서서 둘이 같이 그렸다.

드디어 8월 29일이 되었다. 장호원 황취소년단 아니 '독수리소년단'이 창단식을 하는 날이다. 본부는 박영순과 박기순 형제네 집이었다. 영순의 어머니는 맏아들 영순에 대한 신뢰가 절대적이어서 영순이 하는 일은 무엇이든 다 허락했다. 많은 아이가 집에 들락거려도 싫은 내색 하나 하지 않았다. 넉넉한 형편도 아닌데 아이들 먹으라고 감자며 고구마며 옥수수를 있으면 있는 대로 삶아서 먹으라고 내다 주곤 했다. 그러니 영순의 집보다 더 좋은 본부는 없었다.

영순이 쓰는 아래채 흙벽에 독일제국의 국기를 걸었다. 강렬한 빨간 바탕에 가운데 하얀 원, 그리고 독수리를 그려 넣었다.

독일제국 국기 앞에 소년단 단원들이 줄을 맞춰 섰다. 전날 만장일치로 추대된 단장 영순이 대열 앞에서 벽을 등지고 단원들을 보면서 낮은 목소리로 말했다.

"이 독일제국 국기 너머에 있는 우리 태극기를 가슴에 품기 바란다."

그리고 벽을 향해 돌아서서 독일제국 국기를 바라보며 말했다.

"우리는 조국을 위해 목숨까지 바칠 각오로 활동할 것을 다짐합니다."

뒤에 선 단원들이 한목소리로 같은 말을 반복했다. 영순이 또 외쳤다.

"우리는 충무공 이순신 장군의 정신을 이어받겠습니다."

단원들이 반복했다.

"우리는 피를 나눈 형제와 같이 서로를 믿고 도울 것입니다."

영순이 외치고 단원들이 따라 외웠다.

그렇게 간략하게 맹세하고, 단원 14명은 앞으로 활동해 나가기 위한 조직을 짰다. 충분히 의논하여 짠 조직 체계는 다음과 같았다.

장호원 황취소년단

단장 : 박영순

조직부 : 박기하(조장), 박승연, 박정순

선전부 : 김순철(조장), 백운호, 이상진

동원부 : 곽태현(조장), 이범상, 김만식

재무부 : 오기환(조장), 이상한

체육부 : 조태옥(조장), 박기순

조장은 열두 살 이상인 단원이 맡기로 했다. 운호는 아홉 살이지만 조장 추천이 있었다. 선전부 책임을 맡을 만한 재주가 뛰어나니 조장을 맡아도 충분하겠다고 다들 추천했으나 운호가 끝까지 사양했다. 대신 운호는 김순철을 선전부 조장으로 추천했다. 순철은 기분 좋게 운호 의견을 받아들였다.

1910년 8월 29일은 대한제국이 일본에 패망한 날이었으나, 29년 뒤인 1939년 8월 29일은 용맹한 독수리들이 웅비를 시작한 날이었다. 청미천이 휘돌아 나가는 장호원 소년 14명이 바로 그 독수리들이었다.

4. 준비

　소년단 창단 기념으로 단원들이 맨 먼저 한 일은 행군이었다. 장호원 중심가에서 이천 쪽으로 십 리 절반 오리쯤에 높지 않은 산이 하나 있다. 줄을 맞춰 천천히 달리면 쉬지 않고 갈 수 있는 거리다.

　예전엔 숲이 울창했으나 지금은 산이랄 것도 없다. 땔감으로 나무를 마구 베어 버려 그렇게 되었다. 황토가 다 드러나 흙을 쌓아 놓은 것처럼 보인다. 비가 세차게 내리면 흙이 흘러내려 모래가 쌓이니, 뗏장을 뜨다가 막아 놓았다. 마치 경주에 있다는 거대한 무덤처럼 보인다.

박영순 단장이 맨 앞에 달리고 그 뒤로 두 줄로 단원들이 달렸다. 여덟 살인 만식이도 처지지 않고 잘 따라붙는다. 낮은 산도 산이라고 정상에 서자 멀리까지 보인다. 장호원 읍내가 다 보이고 청미천 강변도 보이고 동쪽으론 큰 다리 너머 감곡과 매산까지 한눈에 들어온다. 서남쪽으론 장호원 사람들이 자랑해 마지않는 백족산이 그 위용을 뽐내는 게 보인다.

단원들이 앉거나 서서 헐떡이는 숨을 고른다. 서서히 평온한 모습으로 돌아오는 단원을 둘러보며 영순이 말했다.

"이곳이 우리의 제1고지다."

"제1고지."

몇몇이 따라 했다. 운호는 입 밖으로 소리를 내어 따라 하진 않았지만, 가슴이 뭉클했다. '제1고지'라는 말의 느낌이 뭔가 대단했고, 선언하듯 말하는 영순의 표정이 비장했기에 그랬다. 영순이 사방을 둘러보았다. 사람이 아무도 없는 것을 확인하고서도 영순은 목소리를 낮춰 말했다.

"우리 소년단의 목표는 왜놈들에게 빼앗긴 우리나라를 되찾아 독립하자는 거야. 그러자면 우리 하나하나가 독립군이 되어야 해. 아직 나이가 어려 직접 총칼을 들고 싸우진 못해. 대신 열여덟 살이 되면 우리는 만주나 중국으로 가서 독립군이 될 거야. 지난번에 내가 얘기한 이선용 독립투사처럼 말이야. 내가 맨 먼저 가게 되겠지. 내가 가면 태현이가 단장을 맡다가 독립군이 되어 오고, 태현이 뒤엔 순철이, 태옥이 이런 순서로 독립군이 되

는 거지."

숨소리도 들리지 않았다. 영순이 단원을 둘러보며 물었다.

"독립군이 되자면 뭐가 가장 중요할까?"

"첫째는 체력이지."

조태옥이 재빨리 대답했다. 영순이 하하 웃었다.

"역시 체육부 조장답네. 맞아 체력이야. 이선용 독립군을 봐. 단 하룻밤에 오갑산을 넘고 남한강을 건너 원주 미륵산까지 갔다고 하잖아. 우리도 그런 체력을 길러야 해. 그래서 우리 단원은 매일은 할 수 없어도, 토요일마다 제1고지까지 달리기 훈련을 할 거야. 어때?"

"좋습니닷!"

모두 우렁차게 외쳤다.

훈련은 달리기를 주로 하는 행군만이 아니었다. 영순은 다양하게 준비해 놓고 있었다. 백족산으로 가서 산 타기 훈련과 청미천에서 물을 건너는 훈련도 했고, 점심을 굶는 훈련도 했다. 독립군은 깊은 산에서 깊은 산으로 다닐 때 3일씩 굶기도 한다고 했다. 한 끼 정도 굶는 건 아무것도 아니라고 영순이 단원들을 격려

했다. 미리미리 굶는 연습을 해 둬야 한다고.

운호는 훈련 중에 가장 힘들었던 것이 담력 훈련이었다. 달리기, 산 타기, 물 건너기, 밥 굶기는 별로 어렵지 않았다. 그런데 담력 훈련은 밤에 할 뿐 아니라 바로 공동묘지에서 하는 거였다.

어느 토요일 밤, 독수리들은 둔말 공동묘지에 모였다. 잔솔밭 사이로 높고 낮은 봉분이 다닥다닥 붙어 있다. 그곳은 낮에도 사람들이 지나다니기를 꺼리는 곳이다. 달이 하얗게 밝은 밤이면 공동묘지 귀신들이 무덤 밖으로 나와 춤도 추고 노래도 하며 논다고 했다. 어떤 사람이 봤다고 했다. 무덤에서 나온 새파란 빛이 밤새도록 너울너울 날아다니는 것을 본 사람도 있었다.

공동묘지 들머리에 모여 선 독수리들에게 영순이 말했다.

"독립군은 밤에도 행군을 하거든."

운호는 공동묘지를 바라보았다. 들어가는 산 입구가 시커멓다. 거대한 괴물의 입 안으로 빨려들 것 같은 느낌이다.

"우리한테 꼭 필요한 훈련이야. 독립군은 혼자 움직일 때도 많아. 그럴 때 공동묘지를 만났다고 피해 갈 수는 없잖아. 자, 한 명씩 공동묘지 가운데까지 다녀오는 거야. 키 큰 잣나무 서 있는데 알지? 그 잣나무에 묶어 둔 하얀 천 조각을 가져오면 성공이야."

맨 먼저 태옥이가 나섰다. 태옥은 조금도 망설이지 않고 검은 괴물의 입 안으로 들어갔다. 오래지 않아 태옥이 하얀 천 조각을 하나 들고 돌아왔다. 얼굴은 붉게 상기되어 있다.

"이거 맞지?"

태옥이 영순에게 천 조각을 내밀며 말했다. 영순은 고개를 끄덕이며 "내가 묶어 둔 것 맞아. 훌륭하다, 조태옥!"하고 추켜세웠다. 태옥은 당당한 얼굴로 씩 웃었다. 이어 조장들이 하나둘 다녀왔다. 마침내 운호 차례가 오고야 말았다.

'아, 어떡하지.'

운호는 속이 메슥거렸다. 뭔가 몹시 불편할 때 나타나는 현상이었다. 두통이 살짝 오고 다리에서도 힘이 빠지는 느낌이다. 영순이 그런 운호의 기색을 놓치지 않았다. 영순이 말했다.

"운호는 만식이를 데리고 다녀오면 어때? 만식이는 막내라 아무래도 혼자 보내긴 좀 그렇다."

이런 구세주가 없었다. 운호는 갑자기 몸에 힘이 솟았다. 만식이는 동생이라도 둘이라 의지가 되니 켕기는 마음이 사라졌다.

오히려 동생을 데리고 가야 한다는 마음에 자신감이 생겨날 정도였다.

"나, 혼자 갔다 올 수 있는데……."

만식이가 중얼거렸다.

"아냐, 다음에 혼자 가고 오늘은 운호 형이랑 같이 다녀 와."

영순이 부드러운 목소리로 말하자 만식이 이내 고개를 끄덕였다.

만식이가 옆에 있어 그런지 공동묘지도 무섭지 않았다. 괴물 입 속처럼 보이던 공동묘지도 들어서고 보니 그저 그런 야산이었다. 물론 바스락거리는 소리가 들릴 때마다 움찔움찔 놀라기는 했어도. 별 탈 없이 운호는 만식이를 데리고 잣나무 천 조각을 떼어 왔다. 그날 이후로 운호도 혼자서 밤 중에 공동묘지를 다녀오는 일쯤은 쉽게 해냈다. 역시 훈련은 할수록 효과가 있다는 것을 운호는 깨달았다.

자주 모여 훈련하다 보니 이것저것 필요한 것이 많았다. 먹을 것도 있어야 하고 경쟁 훈련을 할땐 상품도 필요했다. 영순과 태현이 자기 월급에서 조금씩 냈지만 턱도 없이 모자랐다. 부잣집 아들 운호가 집에서 자주 먹을 것도 가져오고 가끔은 돈도 가져와서 겨우겨우 꾸려 나갔다.

10월 초 어느 날, 재무부 조장 오기환이 의견을 냈다.

"재무 담당으로서 이리저리 궁리한 끝에 내는 의견이니 잘 들어주길 바래. 우리 소년단에 필요한 경비를 우리가 직접 마련할 방법을 찾았어. 저기 철도건널목에서부터 역까지 가는 동안에 노는 밭이 있더라고. 자갈도 많고 된 땅이라 경작을 안 하나 봐. 어림잡아도 두 마지기 정도는 되는 것 같아. 우리가 밭을 일궈 농사를 짓자."

"오? 참 좋은 생각인데?"

영순이 반색한다.

"맞아. 우리가 왜 그 생각을 못했지?"

태현도 대환영이다. 누구라도 혹할 만한 좋은 의견이었다.

"밭을 일구면서 체력 훈련도 하고, 경비도 마련하고, 이거 완전 일석이조네. 도랑 치고 가재 잡고, 마당 쓸고 돈 줍고. 좋아. 아주 좋아."

영순이 격하게 동의를 보내니 단원들 속에서 박수까지 나왔다. 독수리들은 곧바로 기환이 말한 곳으로 날아갔다. 기환 말대로 철길 따라 꽤 넓은 공터가 있었다. 밭을 일궈 농사를 지어도 누가 뭐라 하지 않을 곳이었다.

독수리 단원은 자주 만나 돌을 골라내고 이랑을 만들고 곡식을 심었다. 크게 거름을 주지 않아도 잘 되는 콩과 보리를 심었다. 그래도 거름은 필요해서 아이들은 오줌통도 가져오고 똥물도 퍼 오고, 자기 집 거름더미에서 거름을 한 자루씩 퍼 오는 아이도 있었다.

밭을 마련한 때가 10월이어서 심은 뒤 겨울을 지내고 다음 해 6월쯤에 수확할 수 있는 건 완두콩과 보리가 제격이었다. 씨앗은 운호가 가져왔다. 운호네 곳간에는 그 정도 씨앗은 넉넉히 보관되어 있었다.

조별로 당번을 정하여 밭을 돌보기로 했다. 그러나 파릇파릇 싹이 나서 자라는 것이 보기 좋아 자기 조 당번이 아닐 때도 아이들은 밭으로 나왔다. 독수리 열넷이 앉아 밭을 돌보니 콩과 보리 싹은 무럭무럭 잘 자랐다.

튼튼하게 겨울을 나고 콩과 보리가 익어 갔다. 날이 더워지는 6월, 완두콩은 꼬투리가 통통한 것이 많아 수확하니 일곱 되나 되었다. 보리도 베어서 털고 보니 세 가마니나 나왔다. 보리를 털면서 가시랭이가 목이며 팔이며 다리에 들러붙어 따갑다고 기순도 운호도 팔딱팔딱 뛰었다. 그래도 좋아서 다들 깔깔거리고 웃어 댔다.

수확한 곡식을 앞에 두고 둘러앉은 아이들 얼굴엔 만족감이 흘러넘친다. 운호도 물론 뿌듯하기 그지없다. 집에서 씨앗을 가지고 나올 때 콩 한 되, 보리 한 자루일 뿐이었는데 이렇게 많은 수확물을 돌려주다니. 운호는 새삼 땅이 대단하다는 것을 느꼈다.

"이걸로 뭘 할까? 콩이나 보리만 먹을 수도 없잖아."

농사 일등 공신인 기환이 말했다.

"당연히 팔아서 돈을 만들어야지. 그러자고 한 거잖아."

영순이 고민할 것도 아니라는 표정으로 말했다.

"그렇긴 한데……, 만든 돈을 좀 더 불릴 생각도 하면 좋겠다는 거지."

"아, 알겠다. 재무부 조장께서 뭔가 생각한 게 또 있구나?"

영순이 곧바로 눈치채고 말하자 기환이 고개를 끄덕이고는 말했다.

"만든 돈을 경비로 일부 쓰고, 일부는 닭을 사서 키우면 좋겠어. 우리 집 텃밭에 빈 닭장이 있거든."

"이야, 우리 소년단이 재무 조장을 참 잘 뽑았다."

영순이 기환을 추켜세웠다. 다른 단원도 반대할 이유가 없었다.

콩과 보리를 팔아 만든 돈으로 중닭을 스물세 마리 샀다. 장호원 5일장은 경기와 충청의 모든 장 중에 세 손가락 안에 꼽을 만큼 큰 장이다. 장이 열리면 우시장은 물론 온갖 동물들을 사고파는 장도 같이 열렸다. 독수리 열넷이 장으로 날아가 중간 크기 암탉 스무 마리와 수탉 세 마리를 샀다. 닭을 돌보는 일도 서로 앞다퉈 하겠다고 나섰다. 닭이 낳는 달걀은 먹기도 하고 팔기도 해서 소년단 경비로 썼다.

눈이 내리는 겨울이면 체력 훈련 겸해서 독수리들은 백족산으로 토끼사냥을 나갔다. 메마른 싸리나무 가지가 드문드문 보이는 잔솔밭에 토끼 두 마리가 나타났다. 회색 털빛을 가진 산토끼는, 발목이 빠질 만큼 내린 눈밭에서도 신통하게 풀을 찾아냈다. 토끼는 앞발로 눈을 헤치고 아직 푸른빛이 도는 풀을 뜯어 냠냠냠냠 맛있게 먹는다. 곧 닥칠 심각한 위기도 모르는 채.

소년단 단원 열넷은 서서히 포위망을 좁혀 갔다. 토끼는 아직 눈치를 채지 못한다. 몸을 날리면 덮칠 수 있을 만큼 가까이 다가간 건 몸이 날랜 박정순이다.

"빠작!"

누군가 마른 나뭇가지를 밟았다. 토끼가 낌새를 채고 고개를 들었다. 순간 정순이 몸을 날렸다. 한 마리는 잽싸게 달아났지만 한 마리는 정순의 품에 안겼다. 정순은 토끼의 긴 두 귀를 한 손에 잡고 들어 올렸다.

"와아!"

독수리들 함성이 백족산에 울려 퍼졌다.

달아난 토끼 한 마리도 곧 잡혔다. 한 마리도 아니고 열네 마리나 되는 거대한 독수리들 포위망을 토끼가 어떻게 벗어나겠는가.

"산 아래로 몰아!"

체육부장 태옥이가 외친다. 우뚝 서서 오른팔을 쭉 뻗어 지휘하는 태옥이 자세는 늠름하기 짝이 없다.

뒷다리가 긴 토끼는 산에 올라갈 땐 날쌘돌이가 되지만, 산 아래로 뛰어내리자면 앞다리가 짧아 몸의 균형을 잃기 쉽다. 역시 남은 회색 토끼가 산 위를 막은 아이들을 피해 아래로 내리뛰다 고꾸라졌다. 운호가 운이 좋았다. 토끼는 바위를 피해 방향을 틀다가 마침 운호와 가까운 곳에서 얼굴을 땅에 박은 것이다. 운호도 정순이 한 것처럼 몸을 날렸다. 가슴에 안기는 그득한 포만감. 펄떡거리는 토끼의 심장 소리. 운호는 회색 토끼의 가슴을 두 손으로 꼭 잡고 일어섰다.

"와아아! 잡았다!"

사방에서 함성이 터졌다. 세상에 이처럼 뿌듯할 때가 또 있었던가. 운호는 토끼 한 마리 잡고선 마치 세상을 다 얻은 것처럼 행복했다.

그러는 중에도 세월은 가뭇없이 흘러갔다. 1941년이 되었고, 운호는 열한 살이 되었다. 운호는 키가 부쩍 자라 이미 단장인 영순보다 컸다. 중국을 침략해서 승승장구하던 일본은 마침내 독일, 이탈리아와 삼국동맹을 공고히 한 뒤 호시탐탐 미국과 러시아를 노리고 있었다.

온통 전시 체제로 들어간 일본은 독립운동을 더욱 거세게 압박해 왔다. 허가받지 않은 모임이 보이면 가차 없이 체포해 조사하였다. 조선총독부 허가를 받은 단체만 활동할 수 있었다.

철로 변에 농사를 짓고, 산으로 들로 다니며 체력 훈련을 하느라, 자주 몰려다니는 아이들 움직임이 눈에 띄지 않을 수 없었다.

5월 초였다. 그날도 독수리소년단원은 제1고지까지 행군했다가 되돌아오고 있었다. 시내로 들어가는 갈림길에 일본 순사 하나가 떡 버티고 서 있었다. 옆구리에 긴 칼을 차고 소년들을 노려본다. 눈에 독기가 서려 있다.

"너희들 이리 와 봐."

영순이 맨 앞에서 순사에게 다가갔다. 다른 아이들은 뒤에 엉거주춤 섰다.

"뭐냐? 왜 몰려다녀?"

"그냥 운동하는 겁니다."

영순은 조금도 주눅이 들지 않은 목소리다.

"운동? 왜 운동해? 뭣 하려고?"

날카로운 순사 목소리에 운호는 속이 뜨끔했다.

"건강해야 일도 잘하고 공부도 잘하지요."

영순은 당당하게 대꾸했다.

"이놈 봐라? 아주 잘난 체를 하는구나. 뭔가 수상하단 말이야. 하여튼 조심해. 내가 늘 살펴보고 있다는 걸 잊지 마라!"

순사는 긴 칼을 철렁거리며 자전거에 올라탔다.

순사가 탄 자전거가 멀어지자 영순이 말했다.

"안 되겠다. 위장을 좀 더 철저히 하자."

소년단은 영순이네 집에 모여 앉았다. 하나같이 심각한 표정들인데, 특히 단장인 영순이 고심 가득한 얼굴이다. 한참 무거운 침묵이 흐른 뒤 영순이 입을 열었다.

"저 순사가 괜히 하는 말은 아닌 것 같아. 이제 계속 우리를 주의 깊게 살펴볼 거야."

"맞아. 정말 조심해야겠어."

태현이 맞장구쳤다. 영순이 고개를 흔들었다.

"조심하는 정도로 안 돼. 순사들이 경계를 느슨하게 하도록 해야 해."

"그런 방법이 있어?"

태현이 물었다. 물론 다른 단원도 다 영순의 생각이 궁금했다.

"이런 일이 있을 것 같아서 그동안 내가 고민을 많이 했는데……."

영순이 말을 멈추고 단원 하나하나와 눈을 맞추며 둘러보고 난 뒤 말을 이었다.

"신사참배도 하고, 일본주재소 청소도 하고, 행군하면서 일본 군가도 좀 부르고, 그랬으면 좋겠어. 순사들 눈을 속이는 거지."

"아니, 그……."

태현이 놀라서 말을 잇지 못했다. 태현뿐 아니라 다들 눈이 동그랗게 되었다. 단장인 영순이 입에서 나온 게 맞는지 귀를 의심할 정도의 말이었다. 다들 놀란 중에 특히 운호는 속이 상할 정도로 영순이 말에 의문이 생겼다. 운호는 참을 수가 없었다.

"차라리 소년단을 없애 버리는 게 낫지. 우리가 왜 그런 일을 해?"

운호 목소리에 불만이 가득 들어 있다. 평소 조용조용하고 점잖던 운호답지 않은 반응이었다. 영순도 눈을 크게 뜨고 운호를 바라보았다.

"운호야. 네 마음은 충분히 이해하겠어. 근데 이보 전진을 위한 일보 후퇴라는 말이 있어. 우리 소년단의 목표를 위해 잠깐 위장하자는 거지. 나도 좋아서 그러는 건 아냐."

"목표를 향해 가는 방법도 중요해. 방법이 나쁘면 안 하는 게 더 나을 수도 있어. 그럴 거면 소년단을 해체해. 난 그게 좋겠어."

운호는 물러설 기미가 없었다. 팽팽한 기운이 영순과 운호 사이에 흘렀다. 태현이 중재하고 나섰다.

"둘 다 맞는 말이야. 하지만 우리 소년단을 해체하기는 나도 싫어. 두 사람 의견을 놓고 투표하자. 그래서 많은 사람이 찬성하는 의견대로 하자고."

영순도 운호도 태현의 주장이 썩 마땅치 않았다. 둘 다 얼굴을 찌푸리고 가만히 있었다. 그러자 조장인 박기하와 조태옥과 김순철이 모두 태현의 주장에 동조하고 나왔다. 결국 투표했는데, 단장 박영순 의견이 10표를 얻었다. 운호 의견에는 기순만 동의했을 뿐이었다. 운호는 마음이 불편했으나 따르기로 했다.

토요일, 제1고지로 행군하는 대신 독수리들은 신사로 날아갔다. 2년 전에 새로 지은 신사는 번쩍거렸다. 소년단은 신사 마당에 들어서서 절을 하는 척만 하고 돌아섰다. 제1고지보다는 거리가 짧았지만 행군하는 효과는 충분히 있었다.

돌아오는 길에 영순의 선창으로 일본 군가를 불렀다. 학교에서 가르쳐 주는 노래라 모르는 아이는 없었다. '지키는 것도 공격하는 것도 강철과 같이 / 떠 있는 성처럼 든든하구나' 하고 시작하는 일본 군대 행진곡이었다.

운호는 노래를 부르지 않았다. 가사를 몰라서 못 부르는 게 아니라 부르고 싶지 않아서였다. 대신 마음속으로 '소년 행진가'를 불렀다.

> 무쇠 팔뚝 돌주먹 소년 남아야
> 애국의 정신을 분발하여라
> 다달았네 다달았네 우리나라에
> 소년의 활동 시대 다달았네
> 만인 대적 연습하여 후일 전공 세우세
> 절세 영웅 대사업이 우리 목적 아닌가

안창호 선생이 지었다는 노래다. 영순이 제1고지를 행군하면서 소년단원에게 가르쳐 준 노래였다. 영순은 이렇게 말했다.

'나는 이 노래를 부를 때면 가슴이 뛰어. 특히 무쇠 팔뚝 돌주먹이 그래. 우리 소년의 활동 시대가 왔다는 것도 그렇고.'

그런 영순이 지금은 시내를 행군하며 일본 군가를 부른다. 어쩔 수 없이 위장하는 거라지만 운호는 많이 불편했다. 불편한 만큼 일본에 대한 적개심은 더욱 불타올랐다. 어서 힘을 기르고 나이를 먹어 독립군이 되고 싶었다.

운호는 주재소와 면사무소가 있는 신작로를 빗자루로 쓰는 것도 싫었지만 단짝 기순의 말이 작은 위안이 되었다.

"체력 훈련한다고 생각해. 비질하는 것 말이야."

"그래, 그래."

운호는 대답하며 픽 웃었다.

영순이 생각은 멋지게 들어맞았다. 일본 순사들이 소년단 아이들을 칭찬까지 하고 나온 것이다.

"황국의 훌륭한 신민이로구나. 요시!"

순사들이 운호네 소년단에 대한 감시를 느슨하게 풀었다. 개운

하지는 않아도 운호는 그건 다행이라고 생각했다.

그해 겨울, 12월 7일. 일본은 미국, 영국, 러시아 등 연합국을 상대로 전쟁을 일으켰다. 일본 전투기가 미국 태평양 함대의 기지가 있는 진주만을 기습했다. 기어이 제2차 세계대전을 일으킨 것이다. 일본이 전 세계를 장악하겠다는 야망을 세상에 드러낸 것이다.

5. 벽보

　장호원 제일보통학교 운동장에 가설극장이 생겼다. 굵은 나무 기둥을 두 개 세우고 기둥 사이에 긴 장대를 걸쳤다. 장대에는 넓고 두꺼운 흰 천을 묶어서 내렸다. 장호원읍에 파견 나왔다는 총독부 관리가 트럭에 영사기를 싣고 왔다.
　영화를 보여 준다고 하며 운동장 한가득 사람을 모았다. 12월도 하순이라 볼이 시리도록 바람은 매서웠다. 운동장 곳곳엔 화톳불이 피워졌다. 사람들은 추위에 떨면서도 '영화'라는 신기한

것을 보기 위해 기대를 잔뜩 하고 있었다.

　드디어 차르륵 소리를 내며 영사기가 돌고, 크게 펼친 흰 천에 활동 영상이 나타났다. 힘찬 군가와 함께 움직이는 것은 바다를 가로지르는 거대한 군함과 하늘을 나는 전투기였다. 일본의 욱일기가 휘날리며 곳곳에서 승리하는 일본군 환호성이 울려 퍼졌다.

　십 분, 이십 분, 처음부터 끝까지 영상은 일본이 온 세계를 장악하고 있다는 이야기를 보여 줬다. 12월 진주만 기습과 함께 조선총독부가 전국에 명령을 내렸다. 천황폐하 은혜로 해외로 나간 일본군은 모든 전투에서 승리하고 있다고 홍보하라고 하였다. 총독부 명령은 장호원에도 전달되었던 거였다.

영상을 보는 사람들 얼굴이 일그러졌다. 한 남자가 툴툴거렸다.

"이게 뭐하는 짓이야. 추워 죽겠구만."

"쉿. 목소리 낮춰. 저기 노려본다."

옆에 있던 남자가 낮게 경고했다. 칼을 차고 빙 둘러선 일본 순사 중 한 명이 남자를 노려보았던 것. 남자는 입을 다물었다. 그냥 묵묵히 영화를 보고 있어야 했다.

가설극장은 장호원 읍내 사람들이 다 와서 볼 때까지 계속 세워져 있었다. 운호네 소년단도 당연히 봤다. 기순이 운호에게 속삭였다.

"진짜로 왜놈들이 세상을 다 먹는 거 아닐까?"

"글쎄……."

운호도 그게 걱정스러웠다. 영상에 나오는 걸로 봐서는 이미 일본이 온 세상을 장악한 것처럼 보였다. 그렇다면 우리 소년단이 추구하는 목표인 대한 독립은 점점 더 멀어질 것이었다. 운호는 옆에 선 영순의 얼굴을 바라보았다. 아무런 표정이 없는 얼굴로 영상을 뚫어지게 보고 있다.

'형은 무슨 생각을 하는 걸까?'

영화가 끝난 뒤 운동장을 나오면서 운호는 영순의 생각을 들을 수 있었다.

"선전하는 거야. 선전은 언제나 과장되어 있어. 저런 선전에 속아 넘어가선 안 돼."

영순의 표정은 단호했다. 영순이 운호 쪽으로 몸을 기울이며 낮은 소리로 말했다.

"오히려 우리 독립군이 이기고 있대. 재작년에 우리 대한민국 임시정부에서 광복군을 만들었대. 각 지역에서 활동하던 독립군이 연합해서 말이야. 광복군은 정식으로 일본에 선전포고도 했어. 왜놈들이 질 날도 머지않았어. 원래 패망하기 직전 마지막엔 발악을 하는 거거든."

"아! 그렇구나."

운호는 가슴이 뛰었다. 영순 단장 말이라면 틀림없을 것이다. 영순이 들려주는 이야기는 늘 놀라운 것이 많았다. 영순이 어디서 그런 정보를 얻는지 알려 주지는 않았다. 다만 운호는 영순이 누군가 중요한 사람으로부터 정보를 듣고 있을 거라고 집작할 뿐이었다.

운호는 영순 형과 팔짱을 끼었다. 따뜻한 온기가 전해져 온다. 기분이 좋아진다. 이렇게 심지가 굳건한 형이 단장이어서 더욱 좋다. 마음속에서 스멀스멀 일어나던 걱정거리도 말끔히 사라지는 느낌이었다.

나라는 빼앗기고, 나라를 빼앗은 나라는 날마다 떵떵거리고 있어도 해마다 해오던 놀이는 이어졌다. 설도 지나고 정월대보름이 되었다.

장호원 읍내는 온통 줄다리기에 눈과 귀가 쏠려 있었다. 그건 청미천 건너 감곡도 마찬가지다. 장호원과 감곡 주민이 온통 나와서 겨루는 줄다리기는, 12년 전 큰 다리가 생길 때 다리 완공 기념으로 벌어진 행사였다. 그전에는 감곡은 감곡대로 장호원은 장호원대로 줄다리기를 따로 했다. 다리가 가운데 생겨 건너다니게 되니, 청미천을 사이에 둔 두 동네 주민이 줄다리기 겨루기를 해 본 거였다.

큰 다리는 기차역과 함께 장호원의 명물이었다. 큰 다리는 특히나 인기가 있었다. 여주나 원주나 충주 같은 근방에 사는 사람들은 다리 구경한다고 일부러 올 정도였다. 그도 그럴 만했다. 서울 용산에 세워진 한강철교 다음으로 큰 다리였기 때문이다. 한강철교는 1900년에 처음 세워졌다가 1925년 대홍수에 떠내려간 다리를 1927년에 복구했다. 장호원과 감곡을 잇는 큰 다리는 1930년에 완공되었다.

남쪽에서 올라와 장호원을 지나 이천읍을 거쳐 서울 광나루로 가는 3번 국도를 만들면서 장호원 큰 다리가 꼭 필요했던 것이다. 철근과 시멘트로 세운 다리는 섶다리나 돌다리만 보던 사람들 눈에 새로운 구경거리였다. 다리는 길이 112m에 높이 12m, 폭 8m로 웅장한데다, 철제로 만든 다리 난간 112개는 보는 사람들의 감탄을 자아냈다.

감곡과 장호원 주민은 다리 완공 기념 줄다리기에 있는 힘을 다 쏟았다. 수백 년 동안 청미천을 사이에 두고 마주보며 살아온 사이는, 쌓인 정만큼이나 경쟁심도 컸다. 처음 하는 줄다리기에 지고 싶은 마음이 있을 턱이 없었다. 다리 길이 112미터에 맞춘 거대한 줄이 만들어지고 힘 좀 쓴다는 양쪽 남자들이 몽땅 나와 줄을 당겼다. 결과는 장호원 승리였다. 그리고 해마다 정월대보름이면 줄다리기가 다리 위에서 벌어지게 되었다.

1942년 그해, 운호가 열두 살이 되던 해에도 줄다리기는 어김없이 벌어졌다. 시절은 수상하기 짝이 없었으나 주민들은 줄을 만들거나 구경하면서 잠시나마 시름을 잊었다. 줄은 참으로 볼만했다. 장호원과 감곡의 온 들판에서 다 가져온 듯한 짚으로 새끼를 꼬아 점점 굵게 만든 줄의 몸통은 팔이 긴 어른에게도 한아름이었다. 굵은 줄 몸통에는 여러 가닥으로 새끼를 단단히 꼬아 만든 가는 줄이 마치 지네 발처럼 달려 있다.

"이게 바로 저 백족산 지네 발이여."

어떤 실없는 사람이 한 말은 그대로 이어져, 지네 발로 불렸다. 지네 발은 바로 줄다리기에 참여하는 사람이 잡고 당기기 위한 것이었다. 양편의 백여 명 장정이 지네 발을 잡고 줄을 들어 올리면 거대한 몸통을 구불거리며 지네가 움직였다. 운호가 보기에 그건 지네가 아니라 몸을 뒤틀며 승천하는 누런 용으로 보였다.

줄다리기가 벌어지고 있으니 집 안에 있을 사람이 없다. 꽹과리 소리, 북소리, 장구 소리, 태평소가 흥을 돋우고 거대한 함성이 메아리치고 있으니 누가 방 안에 있을 수 있겠는가. 감곡이고 장호원이고 사람이 모두 쏟아져 나와 춤추고 노래하며 환호했다. 나라 빼앗긴 설움으로 맺힌 한을 풀기라도 하듯 사람들은 쉬지 않고 춤을 추며 소리쳤다. 운호네 소년단도 하나 빠짐없이 다리에 나와 사람들 속에 섞였다.

줄다리기는 팽팽했다. 거대한 줄의 몸통이 장호원 쪽으로 슬금슬금 움직이려 하면 감곡 쪽에서 용쓰는 소리가 났다. 그러면 줄은 다시 가운데로 움직였다. 양쪽 줄꾼을 격려하는 소리와 힘을 북돋우는 깃발의 펄럭임은 운호의 가슴도 들뜨게 했다. 운호는 자기도 몰래 소리를 질렀다.

"영차, 영차!"

그러자 옆에 섰던 기순도 "당겨, 당겨!" 하고 고함을 질러 댔다.

끌어오고 끌려가기를 거듭하던 줄다리기가 마침내 끝났다. 지네 발을 잡고 온 힘을 짜내던 줄꾼들은 너나없이 모두 다리 위에 널브러졌다. 환호성을 지르는 건 풍악을 울리며 구경하던 사람들 몫이었다. 승리의 환호성은 감곡 쪽에서 터져 나왔다.

"에잇!"

"아우, 아……."

운호 입에서도 기순이 입에서도 실망한 투덜거림이 나왔다. 그걸 보고 영순이 하하 웃으며 말했다.

"하루 이틀도 아니고, 잘 알면서 뭘 그래."

"그래도, 질 때마다 좀 그래."

운호가 안타깝다는 얼굴로 대답했다. 늘 그랬다. 줄다리기는 늘 장호원이 졌다. 큰 다리가 완공된 기념을 하던 그해와 그다음 해만 빼고. 사실 줄다리기는 해보나 마나였다. 장호원과 감곡은 동네 크기가 워낙 차이가 나니 힘센 장정을 선발하자면 감곡이 장호원을 당할 수가 없었다.

세 번째 줄다리기가 벌어졌을 때, 장호원의 큰 어른 한 분이 그랬다고 했다.

'약한 쪽이 이겨야 해. 그래야 풍년이 들지.'

이 말은 사람들 속으로 퍼져 나가면서 사람들 마음을 사로잡았고 곧 거대한 힘이 되었다. 그 힘은 줄꾼들에게 그대로 전해졌고, 희한하게 세 번째 줄다리기는 감곡이 이겼다.

줄다리기를 진 장호원 줄꾼들은 어안이 벙벙한 얼굴로 서로 마주 보며 중얼거렸다.

"자네 힘 안 쓴 거야?"

"무슨 소리. 젖 먹던 힘까지 다 썼구먼."

일부러 져준 것이 아니란 얘기였다. 그런데도 지고 만 것이다.

그때부터였다. 해마다 줄다리기 승리는 감곡이었다. 장호원에서는 이기려고 해마다 힘센 장정들만 뽑아서 내보내도 결과는 바뀌지 않았다. 그건 참 희한한 일이었다. 장호원 줄꾼들은 감곡이 이겨야 풍년이 든다는 말의 마법에 걸리기라도 한 듯, 꼭 결정적일 때 힘을 놓았던 것이다.

줄다리기 끝은 그래도 좋았다.

"올해도 대풍이 들겠구만! 감곡이 이겼으니."

다들 이렇게 말하기 때문이다. 감곡 사람들은 이겨서 좋고 대풍이 들 거라는 예감이 좋고, 장호원 사람들도 진 아쉬움은 있으나 풍년이 든다니 나쁠 건 없다. 굳이 이겨서 흉년들겠다는 소리를 듣기보다는 백번 낫지 않은가.

그렇게 줄다리기 끝이 흥성거리며 잔치 분위기가 무르익어갈 때였다. 트럭과 오토바이와 자전거로 일본 순사와 일본군 무리가 나타났다. 일본군 장교가 장호원과 감곡의 읍면장을 불러 말했다.

"무슨 줄다리기인가?"

"해마다 하는 겁니다. 마을끼리 화합하고, 내년 농사의 대풍을 기원하는 그런."

장호원 읍장이 대답하자, 장교의 송충이 눈썹이 움찔했다. 털이 수북한 송충이가 꿈틀거리는 느낌이다.

"지금이 어느 때라고, 한가하게 그런 줄다리기질인가? 당장 천황폐하 은혜에 감사하고, 우리 대일본제국 황군 승전 축하 줄다리기로 바꾸라고."

"……. 바꾸라니? 어떻게?"

장교가 씨익 웃었다. 벌벌 떠는 먹이를 앞발로 찍어누르는 맹수의 잔인한 혓바닥을 널름거리며 장교가 말했다.

"지는 쪽은 우리 황군 승리의 제물이 될 것이다. 온 힘을 다하라! 지는 쪽은 승리한 쪽에 술과 음식을 대접하고 이 행사의 모든 경비를 책임져야 할 것이다. 물론 우리 황군 승전을 축하하는 마음이 부족하다고 보고, 앞으로 모든 일에 있어서 이긴 쪽보다 못한 차별을 받을 것이다."

장교의 말을 듣는 사람들은 얼굴이 표나게 일그러졌다. 속에서 부글거리는 화가 치밀고 있으나 차마 입 밖으로 내뱉지 못하고 있었다. 그러나 어찌하랴. 장교를 둘러싸고 서 있는 순사와 군인들이 총에 날카로운 대검까지 꽂고서 겨누고 있으니.

그렇게 속절없이 일본군 승전을 축하하는 줄다리기로 바뀌었다. 흥이 날 리 없었다. 악으로 하는 줄다리기였다. 악은 쓰면 쓸수록 몸에 무리가 간다. 줄꾼들은 몸이 망가지면서 나가떨어졌다. 그리고 일본 순사와 군인들이 시키는 대로 군가를 부르고 황군의 무운을 비는 함성을 질러야 했다.

그러나 그건 시작에 지나지 않았다. 장호원에서 좀 산다는 집집에 축하 등불이 내걸렸다. 읍내 거리 큰 점포에도 일본군 승전 축하 등이 빼곡하게 밝혀졌다. 승리한 일본군 군복을 입은 승전 가장행렬도 시내 중심가에서 열렸다.

그래도 영순은 굳건했다. 소년단원에게 이렇게 말했다.

"미국과 영국과 러시아 연합군이 곧 반격할 거야. 우리 독립군도 같이. 일본군이 패망할 날은 시간문제야."

"그렇지? 형? 마지막 발악을 하는 거지?"

운호가 기대를 잔뜩 담아 전에 영순이 한 말을 반복했다.

"그럼, 마지막 발악이지."

영순이 웃으며 대답하자 기순이 말했다.

"아이고, 꼬시다. 왜놈 애들 잘난 체하는 아니꼬운 꼴 안 봐도 되니, 속이 시원하겠다."

그런데 이상했다. 소년단 기대는 뒤쪽으로 맞는 것 같았다. 날마다 틀어 대는 가설극장 영화에는 모두 일본군이 이기고 있다는 얘기뿐이었다. 시내 곳곳에는 축하 등이요, 사흘에 한 번 작은 축하 행렬이 행진했고, 일주일에 한 번 큰 시민 축하 대회를 열었다.

충격적인 소식도 있었다. 1919년 3월 1일에 대한독립만세운동을 주도했던 지도자 중에서도 여섯 명이 일본 식민지 지배를 지지하는 연설을 했다고 했다. 어떤 민족지도자는 "조선 건아들이여! 위대한 황군이 되어 앞장서서 나아가자!"라고 외치며 일본군에 들어가 전투에 나가라고 독려했다. 정치가, 문학가, 음악가, 화가, 학자 등 민족 지도자 역할을 했던 유명한 사람들이 속속 변절자 대열에 합류했다. 그런 소식은 신문과 잡지와 방송으로 온 국민에게 퍼져 나갔다. 조선총독부에서 대대적으로 홍보하였다.

장호원 독수리들도 눈과 귀가 있으니 그 소식을 모를 수가 없었다. 모임에서 서로 소식을 전하며 안타까워했다.

그런데 독수리들을 분노하게 하는 일이 또 있었다. 제1고지까지 달리기를 하던 날이었다. 아이들은 금방 지치고 헉헉댔다. 고지에 도착해서 하나같이 널브러져 숨을 몰아쉬었다. 태현이 시뻘겋게 충혈된 눈으로 아이들을 둘러보며 말했다.

"먹은 게 없으니 이 모양이지. 정말 화가 나서 못 살겠다. 공출 말이야."

영순도 다른 독수리도 다 고개를 끄덕였다. 공출로 곡식을 다 빼앗겨 끼니를 제대로 때우지 못하는 아이들이 많았다. 일본 통감부가 쌀을 강제로 사 가는 것을 '공출미'라고 했다. 일본군이 전쟁을 벌여야 하니 필요한 군량으로 가져가는 것이었다. 겉으로는 사 간다고 했지만 실제로는 빼앗아 가는 거였다.

'이 전시채권을 받아. 나중에 이자 쳐서 돌려줄 거야' 하면서 채권 종이를 주고 쌀을 가져갔다. 나중엔 '나라에 저축하는 걸로 생각해' 하면서 가져갔다. 그러니까 쌀을 가져가는데 농민 손에 현금은 하나도 들어오지 않았다.

그마저도 바뀌었다. 쌀은 빼앗겨도 잡곡이 있어 견딜 수 있었던 농민들이었다. 그런데 올해 들어서는 보리, 콩, 팥은 물론 면화에 고사리까지 강제로 공출해 갔다.

"우리 아버지는 걷어차였어!"

정순이 종주먹을 들어 보이며 소리쳤다. 콩 자루를 가슴에 끌어안고 빼앗기지 않으려는 정순네 아버지를 순사가 걷어찼다는 것이다.

"난 달려들지도 못했어. 엄마가 내 손을 꽉 잡고 있기도 했지만."

기어코 정순이 눈에서 눈물이 났다. 굵은 눈물방울이 뚝뚝 떨어졌다. 운호는 속에서 끓어오르는 분노를 참기 어려웠다.

"우리 이런 걸 가만히 당하고 있어야 해? 그냥 이대로?"

운호 눈은 자연스레 영순에게로 향했다. 영순은 입술을 꽉 다물고 정순을 바라보고 있었다. 영순의 표정에서 뭔가 굳은 의지

같은 것이 느껴졌다. 운호 눈엔 틀림없이 그렇게 보였다.

1942년 3월 초 토요일, 아침 행군을 마친 소년단이 해산하기 전이었다. 영순이 조장들과 선전부는 남아서 같이 의논을 좀 하자고 했다. 영순의 방에 태현, 기하, 순철, 태옥, 기환 조장 다섯과 선전부인 운호와 상진이 모여 앉았다. 기순도 자기네 집이라 자연스럽게 동석했다. 단원들은 무릎을 맞대고 앉아 영순이 말을 기다렸다.

"도저히 가만 있을 수 없겠어."

잘 웃는 영순이 웃음기 하나 없는 굳은 얼굴로 말했다. 자연히 말을 듣는 아이들도 긴장했다. 영순이 말을 이었다.

"난 곧 열여덟 살이 돼. 계획대로 만주에 가서 독립군이 될 거야. 하지만 기다리고만 있을 순 없어. 꼭 만주가 아니라 여기서도 할 일은 해야겠어."

영순은 전국에 있는 친일파 군수들에게 독립군 이름으로 경고장을 보내겠다고 했다.

"우선 경상도와 전라도에 먼저 보내야겠어. 조사도 다 해놨어.

일본인이 군수인 건 그렇다고 쳐. 조선인이면서 군수가 되어 왜놈들에게 아부하는 꼴은 도저히 봐줄 수 없어! 그런 작자들 때문에 독립이 더 안 돼."

영순이 얼굴에 분노가 어렸다. 태현이 고개를 갸웃했다.

"그게 효과가 있을까? 경고장 받아도 웃어넘기면 그만일 텐데……."

"당연히 효과가 있지. 간담이 서늘할걸? 독립군이 가만두지 않겠다고 하면. 난 좋다고 봐."

기하가 영순이 말에 동의하고 나왔다.

"그럴까? 그렇다면 해 보지 뭐."

태현도 굳이 반대할 일이 없다는 표정을 지었다. 경고장은 영순이 쓰기로 했다. 장호원 우체국에서 보내면 걸릴 수도 있으니 버스 타고 경성(서울)에 가서 보내기로 했다.

"그건 그렇고, 또 뭐 좋은 방법 없을까? 왜놈들에게 직접 타격을 줄 수 있는 일 말이야."

태옥이 의견을 냈다.

"그래서 이렇게 모인 거야. 내 생각을 말하고, 더 좋은 생각도 좀 들고. 우리가 지금 가만히 있을 순 없잖아. 왜놈들 하는 꼴을 보고 있자니, 속이 부글거려 참을 수가 없다. 온통 세상이 왜놈 천지가 된 거 같아."

"맞아. 가만 있을 순 없어. 뭐라도 해야 해."

순철이 맞장구치고,

"날마다 하는 축하 행사 정말 보기 싫어 죽겠어. 찬물을 확 끼얹어 버리자."

기환은 손바닥으로 땅바닥을 내리치며 말했다.

"그니까, 말이야. 우리 해방이 금방 올 텐데 그걸 사람들이 몰라. 왜놈들 선전에 속아서 말이야. 독립군이 곧 온다는 걸 알려야 해."

"맞아. 맞아. 너무 답답하다니까. 왜놈들이 다 이기는 줄 아니까 말이야. 우리 독립군이 이기고 있다는 것도 알려야 해."

기하가 두 주먹을 불끈 쥐고 말했다. 영순이 고개를 끄덕였다. 영순뿐 아니다. 모인 조장과 선전부 단원은 하나같이 독립군이 곧 온다는 것을 굳게 믿었다. 영순이 들려주는 이야기는 분명히 그랬다. 대한민국 임시정부 소식도 영순은 정확하게 알고 들려주었다. 그런데 장호원 주민들은 일본 선전만 믿고 있는 것이 너무나 답답했던 것이다.

영순이 순철과 운호와 상진을 한꺼번에 돌아보며 말했다.

"선전부는 어때? 뭐 좋은 방법 없을까?"

조장만 모이는 간부회의에 선전부 조원을 모두 보자고 한 까닭이 거기 있었다. 선전부는 독수리소년단이 움직이는 데 있어서 방향을 정하고, 홍보하는 일을 맡고 있었다. 운호는 선전부였다. 지난번 독일 제3제국 국기를 달자고 의견을 낸 것도 운호였다. 영순은 역시 운호 입을 주의 깊게 바라보고 있었다.

운호도 이야기들이 오가는 중에 머리를 빠르게 굴리고 있었다. 그러다 일본군 승전 축하 행사를 하면서 거리에 내걸리는 벽보들 생각이 났다. 한지에 큼지막하게 써서 벽에 붙이는 벽보들. '천황폐하 만세!' '무적 황군이여 거침없이 나아가라!' 이렇게 쓴 큰 글씨는 눈에 확 뜨이기도 하지만 보는 사람 마음을 사로잡는 힘도 있었다. 길고 넓은 천에 써서 건물에 세로로 늘어뜨린 '대양도 우리 것 대륙도 우리 것 모두 해 뜨는 대일본제국의 것!' 문구는 더욱 강렬했다.

운호가 말했다.

"벽보를 만들자. 현수막도 좋고."

"벽보?"

영순이 되묻더니, 금방 얼굴이 환하게 밝아진다.

"역시, 우리 선전부야. 벽보, 그것 참 좋은 생각이다."

다른 조장들도 고개를 끄덕여 동의를 표시한다.

"현수막은 어렵겠다. 만들기는 한다고 해도 건물에서 내려뜨리기는 아무나 할 수 있는 게 아니니까."

그래서 현수막 제작은 빼고, 벽보 제작에 집중하기로 했다. 벽보에 쓸 내용도 의논했는데, 마지막으로 결정된 문구는 다음과 같다.

조선 독립 만세! 그대는 그대의 조국을 사랑하라!

정의는 이긴다! 독립군 만세!

궐기하라! 독립군이 온다!

내용을 만들어 놓고 다들 흐뭇했다. 조선 독립이 정의로운 일이며, 자기 조국을 사랑하는 일이라는 것을 잘 보여 주는 문구라서 운호는 아주 마음에 들었다. 영순이 독립군이 온다는 내용을 반드시, 강력하게 넣어야 한다고 주장했다.

"지금, 왜놈들이 이기는 것처럼 보이지만 반드시 패망할 거야. 그 선봉에 우리 조선독립군이 설 거고. 좋다. 저 왜놈들이 겁을 집어먹는 꼴이 보이는 것 같다. 우리 독립군을 만나면 오줌 지리는 왜놈들이 많다고 하더라."

영순의 독립군 사랑은 정말이지, 꽉 차고 차서 흘러넘쳤다. 다들 영순의 말을 들으며 아랫배 깊은 곳에서 솟아오르는 힘을 느꼈다. 그건 아주 기분 좋은 느낌이었다.

비밀스럽게 일을 추진해야 하니 겉으로는 더더욱 열심히 일본 신사를 참배하고 주재소와 시내 중심가를 청소하였다. 완전히 일본의 소년 황군처럼 보이니 일본 순사들은 입을 함지박만큼 벌리고 칭찬했다.

영순이 한지와 큰 붓과 먹물을 준비했다. 푸른 물감, 붉은 물감은 영순이 구해 왔다. 소년단원은 조별로 번갈아 가면서 넷씩 다섯씩 모여 벽보를 제작했다. 한지에 큰 글씨로 썼다. 조선 독립 만세와 조선독립군은 푸른색으로 쓰고 붉은색으로도 써서 눈에 잘 보이도록 힘을 줬다.

  벽보 50장이 다 만들어졌다. 벽보를 붙이는 날은 3월 15일로 정했다. 단원 열네 명은 한 사람도 겁을 내고 뒤로 빼는 사람이 없이 서로 벽보 붙이는 일을 하겠다고 나섰다. 하지만 여러 명이 한꺼번에 움직이면 눈에 뜨일 염려가 컸다. 논의 끝에 선전부가 벽보 붙이는 일을 맡기로 했다.

  3월 15일 밤 9시에 행동을 개시했다. 조장인 김순철과 조원 백운호, 이상진 세 명이 영순네 집에 모였다. 순철과 상진이 벽보를 둘둘 말아서 절반씩 가졌고, 운호는 풀칠할 붓과 풀통을 들었다. 아직은 밤이 되면 날씨가 쌀쌀했다. 운호는 풀통을 들고 가며 풀이 굳거나 마르지 않도록 작대기로 수시로 저어 주면서 움직였다.

  누군가 보면 안 되는 일이었다. 셋은 최대한 어두운 곳으로 몸을 움직였다. 발걸음이 자연스럽게 그렇게 움직였다.

  애초에 계획한 대로 맨 먼저 간 곳은 공중변소였다. 읍내 공중변소는 사람들이 많이 이용하는 곳이었다. 벽보는 최대한 많

은 사람이 봐야 하므로 사람들이 많이 이용하는 장소에 붙여야 했다. 물론 사람이 많이 이용하는 곳이므로 눈에 뜨일 염려가 컸다. 그래서 사용이 뜸한 밤 9시 이후에 시작한 것이다.

　운호는 물론 순철이도 상진이도 밤에 움직이는 것이 전혀 무섭거나 꺼려지지 않았다. 한밤중에 혼자서 공동묘지를 다녀오는 담력 훈련이 제대로 빛을 발하는 순간이었다. 만약 일본 순사에게 걸린다고 해도 그동안

꾸준히 해 온 체력 훈련 실력으로 재빨리 달아날 수 있다고 자신만만했다.

상진이 망을 보고 운호가 풀칠하고 순철이 벽보를 붙였다. 읍내 공중변소 다섯 군데를 돌아다니며 다 붙였다. 사람들이 많이 지나다니는 곳에 세워진 전봇대에도 붙였다. 그리고 읍내 곳곳 갈림길에 사람들 눈에 잘 보이는 벽에도 붙였다.

마지막으로 간 곳은 경기여객 버스정류소였다. 이미 밤 11시를 넘어 12시가 가까워지고 있었다. 이렇게 늦게 온 이유는 경기여객 운행이 끝나고 직원들이 11시는 되어야 다 퇴근하기 때문이었다.

남은 벽보 10장을 들고 셋은 버스정류소 입구에 들어섰다. 그곳에 시커먼 그림자가 하나 우뚝 서 있었다. 속이 서늘해질 정도로 놀란 셋 앞에 나타난 사람은 바로 영순이었다.

"고생들 많아. 얼른 끝내고 집에 가자."

영순이 낮은 소리로 속삭였다. 세 사람은 가슴을 쓸어내리며 고개를 끄덕였다. 버스 시각표 옆에도 붙이고, 대합실 벽에도 붙이고, 5장은 시외버스 뒤편에 붙였다. 시외버스에 붙이자는 의견은 순철이 냈다.

"이 차가 가는 곳 사람들도 볼 거니까."

운호와 영순이 순철에게 엄지를 세워 보였다. 순철이 빙긋 웃는다. 경성, 광주, 이천, 충주, 목계, 안성으로 가는 버스가 소년단이 쓴 벽보를 붙이고 달린다. 운호는 특히 경성 가는 버스를 보면서 속으로 생각했다. 경성 시내 중심가를 달리는 버스에 붙은 "조선독립군이 온다!" 벽보를 보는 사람들은 속이 시원하겠지? 아울러 친일파나 왜놈들은 겁이 날 테고? 그런 생각을 하니 운호는 속이 후련했다. 그동안 일본 순사들이 하는 짓거리나 일본군 승전 축하 행사를 보면서 속에 가득 쌓였던 울분이 조금이나마 풀어지는 느낌이었다.

6. 묶인 날개

　3월 16일 아침이 밝았다. 독수리 열네 명은 날개를 접고 각자 집에 웅크리고 있었다. 벽보를 붙인 일이 어떤 사태를 몰고 올지 예상하기는 쉽지 않았다. 다만 일본 순사 눈에 띄지 않도록 당분간 모이지 말자고 결정을 해 뒀다. 독수리들은 각자 따로따로 벽보 반응을 살피고 다녔다.
　운호도 조심스럽게 읍내에 나가 보았다. 벽보가 어디 어디 붙어 있는지는 눈을 감고도 알았다. 벽보에 대한 반응은 뜨거웠다.

장호원 온 거리가 웅성웅성, 시끌벅적했다.

"조선독립군이 온대."

"진짜? 일본군이 저렇게 드센데?"

"거리마다 안 붙은 곳이 없어."

"어젯밤에 독립군이 다녀갔나?"

삼삼오오 모여 서서 사람들이 떠들었다.

그중에 순철의 작전은 특히 대성공이었다. 사방으로 달리는 버스 뒷유리창에 붙은 벽보를 보고 사람들은 환호했다.

"장호원만 독립군이 오는 게 아닌가 봐."

버스에 벽보가 붙은 것을 보고 충주나 안성이나 하여튼 다른 동네에도 벽보가 붙은 걸로 생각하는 사람도 있었다. 운호 생각대로 경성으로 가는 버스를 보고 사람들은 눈을 크게 떴다. 버스에 붙은 "조선독립군이 온다!"는 글씨는 마치 버스처럼 독립군이 맹렬하게 달려오는 듯한 느낌을 줬다.

장호원 주재소 일본 순사들은 길길이 날뛰었다. 어제 낮까지만 해도 축하 행렬이 왁자지껄 행진하고 승전 축하 등불이 빛나던 곳이었다. 하루아침에 흉흉하게 뒤바뀐 분위기에 일본 순사들은 당황했다.

이천경찰서에서도 경찰이 버스에 가득 타고 왔다. 순사복 정복을 입은 순사는 물론 검은 가죽점퍼를 걸친 고등계 형사도 때로 찾아왔다. 형사 중에는 조선인도 여러 명이었다.

장호원 읍 공무원을 전부 소집하여 벽보를 떼어 냈다. 운호가 얼마나 풀칠을 단단히 했는지, 양동이로 물을 퍼다가 쏟아붓고 박박 문질러야 종이가 떨어졌다.

벽보를 붙이고 경성으로, 충주로, 이천으로 떠난 버스는 벽보를 떼지도 못하고 운행했다. 경성까지 다녀와서야 부랴부랴 벽보를 떼 내느라 분주했다.

순사와 형사들이 장호원 읍내를 이 잡듯이 뒤지고 다녔다. 눈에는 하나같이 전등불을 켜고서. 매일같이 울려 대던 승전 축하 풍악이 잠잠했다. 그것만으로도 장호원 사람들은 속이 시원했다.

가게 앞 평상에 모여 앉은 사람들은 나지막이 속삭였다.

"밤새 안녕이라더니, 신출귀몰한 재주가 아닌가. 하룻밤 새 분위기를 싹 바꿔 버렸어."

"꽁지에 불붙은 모양으로 싸돌아 댕기는 왜놈 순사들 꼴이 가

관일세, 그려."

　속삭이던 사람들은 마침 자전거를 타고 지나가던 순사가 노려보자, 얼른 입을 다물었다.

　사흘이 지났다. 독수리들은 안전했다. 그러나 주재소는 순사와 형사들에게 잡혀 온 사람들로 넘쳤다. 평소에 '불령선인'으로 낙인찍힌 사람들이 대부분이었다. 과거에 독립운동과 관련하여 한 번이라도 경찰에 입건된 적이 있는 사람은 다 붙들려 갔다. 그들은 매타작을 당하며 사실대로 말하라고 추궁받았다. 하지만 그들도 모두 금시초문인 것을 어찌 대답할 수 있을까.

　일본 경찰도, 조선 사람들도 운호네 소년단이 한 일이라고는 꿈에도 생각하지 못했다. 그러니 열네 명 독수리가 집에서 나와 친구 집에 다니고, 거리를 나다녀도 순사나 형사들 눈길을 끌지는 않았다.

　운호네 집에서도 벽보 이야기는 단연 첫 번째 화제였다. 일꾼들도 '누군지 대단하다'고 수군거렸다. 운호는 일꾼들의 감탄 섞인 소리를 들으면서 가슴이 뿌듯했다. 아버지도 밥 먹는 자리에서 이렇게 말했다.

"기개가 있는 행동이다. 다 죽은 줄 알았더니, 요즘 같은 세월에 용기 있는 사람이 아직 남아 있었구나."

운호는 아버지 말을 들으면서 기뻤다. 몇몇 사람들이 '너네 아버지는 친일파'라고 비아냥거린 적이 있었는데, 그건 아니란 걸 분명히 알겠다. 아버지가 친일파라면 저런 말을 할 리가 없다. 그러니 '지주는 다 친일파'라는 생각도 틀린 거라고 운호는 생각했다.

운호는 아버지 칭찬에 하마터면 자기가 한 일이라고 말할 뻔했다. 대신 솟아오르려는 그 말을 꾹 누르고 이렇게 물었다.

"독립군이 틀림없이 오겠지요?"

"그게…… 어떻게 될지. 시간문제일 테지만, 분명히 오긴 올 거다. 중국이나 미국이나 그런 나라들과 연합군이 되면 더 좋겠다만. 일본의 기세가 언제까지고 등등할 순 없을 거다. 달도 차면 기울기 마련이라."

"네……."

운호는 알았다. 아버지도 독립군이 들어오기를 고대하시는구

나. 아버지 진심을 깨달았다. 그러면서 스스로 한 일에 대한 자부심이 더 강해지는 것을 느꼈다.

3월 19일이 되었다. 벽보가 붙고 나흘째, 운호는 다른 단원 아무도 만나지 않았다. 그게 약속이었고 철저하게 지켜야만 안전하리란 걸 알았다. 단짝인 기순도 운호를 찾아오지 않았다. 운호는 상황이 궁금하고 걱정도 되고 하여 학교 가는 길에, 영순네 집 근처까지 가 보기는 했다. 마침 영순이 사법대서소에 출근하면서 운호를 발견했다. 하지만 영순은 살짝 눈만 찡긋해 보였을 뿐 모른 척 스윽 지나갔다.

저녁을 먹고 집에 있기 답답하여 운호는 친구 한웅이네에 놀러 갔다. 독수리 단원들 집에는 못 가겠고, 한웅이는 단원이 아니니 가도 되었다. 요즘 한웅이는 운호가 단원으로 포섭하기 위해 공을 들이는 친구다. 한웅이에게 독수리소년단이 있고, 체력 훈련도 하며 농사도 짓고 그런 일을 한다고 말은 했다. 다만 아직 독립군이 되기 위해 준비하는 단체라는 것까지는 말하지 않았다.

한웅이도 벽보 사건에 대하여 놀라고 감탄했다. 아울러 누가 그런 일을 했는지 나름대로 추측해 보았다.

"분명해. 한 사람이 한 일은 아니야. 하룻밤 사이에 혼자서 그 많은 걸 붙일 수는 없어. 무슨 단체 같은데 말이야……."

한웅이는 말을 멈추고 운호 얼굴을 가만히 살폈다.

"뭐, 내 얼굴에 뭐 묻었어?"

운호가 피식 웃으며 손바닥으로 얼굴을 쓱 훑어 내렸다. 한웅이 고개를 슬슬 흔들더니 말했다.

"뭐가 묻은 건 아니고……. 혹시 너희들이? 독수리소년단 말이야, 절대 아니겠지?"

운호는 가슴이 덜컥 내려앉았다.

"무, 무슨 말이야, 그게. 왜 그런 생각을 했어?"

운호 목소리에서 떨림이 느껴졌는지, 한웅이 고개를 갸웃하며 말했다.

"그냥. 여럿이 한 일 같아서 그렇게 생각했을 뿐이야. 근데 너 좀 수상하다?"

바로 그때였다. 바깥이 소란스러웠다. 한웅이네 집 마당으로 빠른 걸음으로 쿵쾅거리며 달려 들어오는 사람들이 있었다. 한웅이네 부모님도 방문을 열고 내다보고, 한웅이와 운호도 방문을 열고 밖을 보았다.

어둠이 짙은 밤이지만, 마당에 들어선 두 사람이 누군지 대번에 알아볼 수 있었다. 정복을 입고 옆구리에 칼을 찬 순사 한 명과 검은 가죽점퍼를 입은 형사 한 명. 형사는 조선 사람이었다.

"백운호. 여기 있지? 다 알고 왔으니 잡아뗄 생각 마라."

목소리는 높지도 급하지도 않았다. 착 가라앉은 목소리는 외치는 소리보다 훨씬 위압적이었다. 한웅이 부모님은 펄쩍 뛰듯이 놀라 마당으로 나왔고, 한웅이는 운호 팔을 잡았는데 그 손이 덜덜 떨리고 있었다.

운호는 일어섰다. 170센티미터나 되는 큰 키를 구부려 방문을 나와 섬돌을 밟고 마당으로 내려섰다. 운호의 큰 덩치를 보고 형사가 픽 웃었다.

"열두 살이라더니, 덩치만 봐서는 어른이네. 네가 백운호냐?"

"그렇소."

운호는 당당했다. 목소리에 조금도 기가 죽거나 겁먹은 느낌이 없었다.

"호오?"

형사와 순사가 눈을 동그랗게 떴다. 형사가 이죽거렸다.

"살려 달라고 삭삭 엎드려 빌 줄 알았더니, 아주 대찬데 그래. 그러니 그따위 철없는 만용을 부렸지. 저놈 잡아!"

형사가 소리 지르고 순사가 달려들어 운호 팔을 비틀어 허리 뒤로 감았다. 순사가 수갑을 꺼내 운호 손목에 채웠다. 손에 감기는 차가운 쇠의 느낌이 섬뜩했다.

"오늘 밤은 바쁘겠군. 어서 가자구."

형사가 앞장서고 운호를 가운데에 세운 뒤 순사가 따라 나갔다. 마당에 고목처럼 섰던 한웅이 엄마가 털썩 주저앉았다.

"아이고, 저를 어째? 어쩌면 좋아?"

목소리에 대번 울음이 묻어났다. 한웅이 아버지는 급히 바깥마당으로 뛰어나갔다. 한웅이도 아버지를 따라 뛰었다. 두 부자는 운호네 집으로 뛰었다.

운호가 주재소에 들어서자 맨 먼저 눈에 들어오는 얼굴이 있다. 단장 박영순이다. 영순은 동생 기순과 함께 철창 안에 갇혀

있다. 철창문이 철컹 열리고, 순사가 운호 등을 세게 밀었다. 들어오는 운호를 보고 기순은 울상을 지었고, 영순은 담담한 표정으로 슬쩍 고개를 끄덕여 보였다. 철창에 가두면서도 수갑을 풀어 주지 않았다. 기순도 영순도 모두 수갑을 차고 있다. 팔을 뒤로 돌려 손목에 수갑을 차고 있으니, 어깨가 몹시 저려 왔다.

"형하고 기순인 언제?"

운호가 영순에게 물었다.

"조금 전에 들어왔어. 아무래도 다 들통이 난 모양이다. 누가 밀고를 한 것 같아."

"누굴까?"

운호는 속으로 제발, 우리 단원 14명 중에 밀고자가 없기를 바랐다. 영순이 허탈한 웃음을 보였다.

"알 수 없지. 열 길 물속은 알아도 한 길 사람 속은 모른다고 했으니까. 겁이 났을 수도 있고, 뭔가 다른 노림수가 있을 수도 있고."

"절대로 아닐 거야. 우리 단원 중에 밀고자가 있을 리 없어."

운호가 단호하게 말했고, 기순도 고개를 크게 끄덕이며 "맞아" 했다.

"두고 보자."

영순은 감정이 실리지 않은 목소리로 말했다.

단원들이 속속 잡혀 왔다. 하나같이 뒷수갑을 차고 왔다. 태현이, 순철이, 상진이, 태옥이, 기하, 기환이, 승연이, 상한이, 범상이, 정순이 그리고 이제 열한 살인 만식이까지. 하나도 빠짐없이 몽땅 잡혀 들어왔다. 단원 열네 명 모두 철창 안에 갇혔다.

운호는 다행이라고 생각했다.

'아, 우리 중에는 밀고자가 없구나.'

단원 하나하나 얼굴을 살펴보면서 운호는 진한 동지애를 느꼈다. 그건 다른 단원들도 다 마찬가지였다. 처음 겪는 두려움 속에서도 동지들 모두가 한 자리에 같이 있다는 것만으로도 서로 힘이 되었다.

벽보를 붙이고 나서 단원이 모두 한자리에 모인 건 처음이었다. 그곳이 주재소 유치장이란 것이 안타까웠다. 잡힐 수도 있을 거란 생각은 했지만, 너무 빨랐다. 단 나흘 만에 모든 단원이 정확하게 족집게로 집어내듯 잡히다니, 영순은 분명 밀고자가 있다고 생각했다. 그러나 14명 단원은 모두 잡혀 왔으니 천만다행이라고 영순은 가슴을 쓸어내렸다.

영순은 눈을 감았다. 포섭하려다 실패한 민재, 정호, 상민이를 생각했다. 그중에 분명 밀고자가 있을 것 같았다.

'상민이일까?'

민재와 정호는 한 번 모임에 왔다가 독일 국기를 보고는 싫다며 다신 오지 않았다. 하지만 상민은 세 번이나 모임에 나왔다. 민재와 정호 상민에게 독수리소년단 목표를 말하지는 않았지만, 말해 주지 않아도 상민이는 눈치를 챈 것 같았다. 신사참배나 주재소 앞길 청소가 위장 전술이라고 영순이 알려 주자 '그럼 뭐 하려고?'라고 물으면서 상민이 눈빛이 흔들렸다. 상민이 태도를 보고 영순이 아직 목표를 말할 때가 아니구나 하고 말을 삼켰다. 그런데 그 뒤로 상민은 모임에 나오지 않았다.

'분명 상민이야…….'

영순은 제 도끼로 제 발등을 찍은 심정이었다. 하나같이 긴장

한 얼굴로 뒷수갑을 차고 있는 단원을 둘러보며 영순은 눈물이 날 것 같았다.

주재소 바깥이 시끌시끌했다. 대부분 가족이 보는 앞에서 잡혀 오거나, 운호처럼 친구와 친구 가족이 보는 앞에서 잡혀 왔다. 정신이 아득할 정도로 놀란 가족들은 아이들을 따라 주재소로 같이 달려왔던 것이다.

운호네 집도 발칵 뒤집혔다. 한웅이와 한웅이 아버지가 전한 소식은 청천벽력이나 다름없었다. 운호가 자주 놀러 다니는 것을 알고 있고, 소년단 활동을 하는 것도 알고 있지만, 그게 독립을 목표로 한 활동이라는 것은 꿈에도 몰랐다. 독수리소년단의 첫 번째 강령이 '목표를 이룰 때까지 부모 형제에게도 비밀로 한다'였으므로 운호네 식구도 당연히 알 수가 없었다.

운호네도 아버지, 어머니, 형까지 셋이 주재소로 달려왔다. 집집마다 부모 형제가 나와 주재소가 그들먹한데, 다들 새파랗게 질려 있었다. 가족들은 아이들을 보려고 안으로 들어가려 했지만 순사들이 총구를 들이대며 막았다.

총 앞에서 사람들은 맥이 풀려 주저앉았다. 그동안 독립운동하는 사람들에게 저질러 온 일본 경찰의 악행을 모르는 사람은 없었다. 잔인하기 이를 데 없는 고문으로 죽어 나가는 사람이 한둘이 아니었다. 어린 학생들이므로 어른에게 하는 것만큼 지독하게는 안 하지 않을까 하는 것이 유일한 희망이었다.

하지만 가족들은 믿을 수가 없었다. 어떻게 소년들이, 이런 일을 할 수 있었을까? 자연스럽게 다들 단장인 영순에게 원망이 쏟아졌다. 나이도 열일곱 살이니 어른이나 마찬가지다. 영순 어머니에게 비난이 쏟아졌다.

"그 집이 본부라면서요? 일이 이 지경이 되도록 아주머니는 뭘 한 겁니까? 집에 애들이 그렇게 들락거리는데. 그래, 강 건너 불구경하듯 했단 말이오?"

"아이고, 어린 애들을 꼬여 이런 일을 저질렀으니. 아주머니는 그래 어째 책임을 질 테요?"

사람들의 추궁 속에 영순 어머니는 무너져 내렸다. 4년 전 남편을 병으로 잃고 홀로 아이들을 키워 왔다. 그런데 지금 영순과 기순 두 아들이 잡혀갔다. 다른 사람들이야 자식이 하나 잡혔다지만 자기는 아들이 둘이나 끌려갔다. 영순은 세상 누구보다 믿

음직한 아들이었다. 남편이 죽고 나선 더더욱 든든한 집안의 기둥이었다. 영순은 세상 어디에 내놔도 남부럽지 않은 일등 효자였다. 그런 아들이 잡혀갔다. 그것도 단장이란다. 누구보다 책임 추궁을 크게 당할 것이고 가장 혹독하게 취조를 받을 것이다.

그것만으로도 영순 어머니는 억장이 무너지는 중이다. 그런데 모여든 가족들의 원망까지 한 몸에 쏟아지고 있었다. 어찌 버틸 수 있으랴. 영순 어머니는 아무런 말도 못하고 그저 주저앉아 넋을 놓았다.

"아, 뭐라고 말 좀 해 봐요."

"집에서 뭐 본 거라도 속 시원히 털어놔요. 도대체 애들이 그 집에 모여 뭘 한 거요?"

사람들 추궁은 계속되었다. 초점 없이 멍한 눈으로 허공을 바라보는 영순 어머니를 안쓰럽게 바라보던 운호 아버지가 말했다.

"그만들 합시다. 다 똑같은 처지 아니겠소. 아이들은 다 자기 신념으로 행동했을 거요. 단장 한 사람 책임으로 몰아붙일 일이 아니오. 지금은 애들 상황을 살펴보는 일이 급선무요."

운호 아버지 목소리는 묵직하면서도 부드러웠다. 떠들어 대던 사람들 소리가 잦아들었다. 가장 어린 단원 만식이 아버지가 말했다.

"백 사장님 말씀이 맞습니다. 우리가 누구 잘잘못을 따져 봐야 무슨 소용이 있겠어요. 애들이 크게 다치지 않도록 어서 손을 써야 할 것이오. 백 사장님은 무슨 방법이 있으시겠지요?"

모든 눈이 운호 아버지에게 쏠렸다. 커다란 정미소도 운영하는 데다 장호원에서 행세 좀 하는 지주 중 한 명 아닌가. 지주들이 주재소장과 막역한 사이임을 모르는 사람이 없다. 역시 만식이 아버지 생각은 그대로 맞았다. 주재소 앞에 그득하게 모여든 가족 중에 운호 아버지만 주재소 안으로 들어갈 수 있었다. 운호 아버지 얼굴을 잘 아는 순사가 소장에게 말했고, 운호 아버지는 안으로 안내되어 들어갔다.

운호 아버지는 금방 되돌아 나왔다. 주재소장은 지주인 운호 아버지에 대한 예우 차원에서 소년단 처리 방향만 알려주고 곧바로 내보냈던 것이다.

"매우 엄중한 사안이오. 우리가 처리할 수도 없소. 내일 이천 경찰서로 압송되어 거기서 취조가 있을 예정이오."

주재소장도 잔뜩 긴장하고 있었다. 자기 신분도 몹시 불안한 모양이었다. 일본군이 승승장구하는 마당에, 이런 일이 터졌으니 난감하기 짝이 없을 터였다. 그것도 참으로 뜻밖에 소년들이 나선 일이라, 제대로 허를 찔린 셈이었다.

상황이 그랬다. 민족 지도자들 중에도 변절자가 나오고, 전쟁터에선 승전고를 울리고, 하늘의 해도 떨어뜨릴 만큼 기세가 등등한 지금, 제대로 찬물을 끼얹는 일이 벌어진 것이다. 그것도 어린 소년들이.

운호 아버지라고 해도 주재소장을 더 붙들고 얘기할 수 없었다. 평소와 달리 싸늘한 태도인 주재소장과 순사들 모습에 운호 아버지는 쓴 입맛만 다시며 밖으로 나왔다. 그리고 사람들에게 소식을 알렸다.

"내일 아침 이천경찰서로 데려간다고 하오."

"아이고."

여기저기서 울음 섞인 탄식이 터져 나왔다.

7. 할 일을 했을 뿐

　힘든 밤이 천천히 흘러갔다. 푸릇한 새벽이 겨우 밝아 온다. 철창 안에 있는 소년이나 바깥에 있는 가족이나 모두 뜬눈으로 밤을 지새웠다. 3월 20일, 붉은 해가 떠올랐다. 그날은 바로 장호원제일국민학교 졸업식이 있는 날이었다.

　박기하, 오기환, 박승연이 바로 졸업해야 하는 날이다. 졸업장을 가슴에 안아야 하는데, 차가운 쇠로 만든 수갑을 차고 있었다. 부모 형제는 꽃다발 대신 눈물을 찍어 내는 수건을 손에 들었다.

주재소는 학교에서 가까운 곳이다. 이천경찰서로 압송하기 위해 호송버스가 이미 대기 중이었다. 졸업식을 위해 모여든 많은 사람은 자연스럽게 소년단이 압송되는 모습을 보게 되었다.

드디어 소년단원들이 모습을 드러냈다. 그러나 그토록 오매불망하던 아이들 얼굴은 볼 수가 없다. 머리에 용수를 쓰고 있었기 때문이다. 중죄인에게나 씌우는 용수를, 그것도 감옥에서 감옥으로 이송할 때나 씌우는 용수를, 아이들 머리에 씌웠다. 짚으로

얼기설기 만들어 눈만 보이도록 한 그것은, 가족들 눈에는 끔찍했다.

"아이고!"

"저를 어째!"

부모들은 자식 이름을 부르며 자지러졌다. 용수를 씌워 놓으니 엄청나게 무거운 죄를 짓기라도 한 것처럼 부모들을 겁주기에 충분했다. 일본 경찰들 노림수는 제대로 통했다. 일부러 많은 사람이 모인 곳에, 선전하듯 소년단을 내놓았던 것이다. 용수뿐이 아니었다. 손에는 수갑 채우고, 허리는 굴비를 엮듯 열네 명을 밧줄로 묶었다.

누가 누군지 알 수 없었다. 아이들은 용수 속에서 눈동자를 굴리며 자기 부모 형제를 찾았다. 눈동자로만 서로 애틋하게 부모를 찾고 아들을 찾았다. 운호 아버지와 어머니는 운호를 알아보았다. 키가 남달리 껑충하게 큰 아이가 운호가 틀림없다고 생각했다. 다섯 번째에 묶여 있는 아이.

"운호야!"

어머니가 비명 같은 소리로 아들 이름을 불렀다. 키가 껑충한

다섯 번째 아이가 그 소리에 화답이라도 하듯 용수 쓴 머리를 앞뒤로 흔들었다.

여기저기서 단말마 같은 비명이 잇달았다. 그리고 아이들은 하나둘 호송차에 올라간다. 어깨가 심하게 흔들리는 아이도 있다. 그렇게 호송차는 출발하고 가족들의 울부짖음은 장호원 하늘을 뒤흔들었다.

이천경찰서에 도착한 소년단은 한 명씩 따로따로 갇혔다. 하나씩 독방에 집어넣고 서로 얘기를 나누지 못하게 하였다. 조사받으러 다닐때만 통로에서 얼굴을 잠깐씩 볼 수 있었다.

취조실에서는 쉬지 않고 비명이 들려왔다. 소리만으로도 누군지 가늠이 되었다. 피를 나눈 형제 같은 동지가 고통스러운 비명을 지르고 있으니, 운호는 똑같은 아픔이 느껴졌다. 아니 더 아팠다.

드디어 운호 차례가 왔다. 다섯 번째였다. 취조실에 들어가니 장호원까지 호송하러 왔던 경무 주임이란 자가 가운데에 앉아 있었다. 옆에는 조선인 형사와 일본인 형사 한 명이 같이 있었다. 경무 주임이 물었다.

"이따위 짓을 하라고 누가 시켰느냐?"

"시킨 사람 없소."

"뭐가 어째?"

일본인 형사가 구두 신은 발로 운호를 걷어찼다. 복부를 제대로 맞은 운호는 수갑을 찬 채 경무 주임 바로 앞에 고꾸라졌다. 경무 주임이 히죽 웃으며 구둣발로 운호 얼굴을 들어 올렸다.

"순순히 말하면 안 맞는다. 괜히 두드려 맞지 말고 얼른 말해라."

아주 부드러운 목소리였다. 숨기고 싶은 사실도 그대로 다 말하고 싶게 만드는 다정한 목소리. 운호는 사실을 말했다.

"우리가 스스로 판단해서 한 일이오. 아무도 시킨 사람이 없어요."

"풋! 매를 버는구나."

다시 구둣발이 날아왔다. 배를 걷어차서 엎어지면 구둣발로 등을 짓밟았다. 허벅지며 옆구리며 아무 곳이나 마구 걷어찬다. 운호는 이를 물었으나 신음이 그냥 쏟아졌다. 조선인 형사가 구둣발을 제지하고는 운호 상체를 일으켰다. 손수건으로 운호의 터진 입술에서 나오는 피를 닦아 주며 말했다.

"미련하구나. 버텨 봐야 네 몸만 상한다. 얼른 배후를 말해라. 그럼 그만 때리고 바로 풀어 주마."

동정과 연민의 눈빛으로 바라보는 조선인 형사. 그러나 배후가 어디 있나. 운호는 진실만을 말하고 있는데, 못 믿는 형사들이 답답할 뿐이다.

"없다니까요. 우리 소년단이 스스로 한 일이라고 몇 번을 말해요."

경무 주임 눈빛이 바뀌었다. 쥐를 노리는 독사 눈빛이라고나 할까, 토끼를 노리는 매 눈빛이라고나 할까. 경무 주임이 자리에서 벌떡 일어서더니 벽에 기대 놓은 죽도를 들고 왔다. 조선인 형사 눈빛이 애잔하게 흔들렸다. 경무 주임이 날카롭게 소리 질렀다.

"빠가야로! 너 같은 일본의 적은 죽여 버리겠다."

경무 주임이 죽도를 휘둘렀다. 죽도는 정확하게 운호 오른쪽 어깨에 내려앉았다. 운호가 세상에서 처음 느껴 보는 무게였다. 어깨가 산산이 부서져 나가는 것 같았다. 숨이 턱 막히며 신음조차 내지르지 못했다. 그러나 그건 시작에 불과했다. 죽도는 운호의 온몸에 떨어졌다. 팔, 다리, 등에 꽂혔는데, 머리를 한 대 얻어

맞는 순간 운호는 정신을 놓았다. 눈앞이 하얘지다가 곧 세상이 온통 깜깜해졌다.

　운호가 정신을 차리고 보니 유치장이다. 온몸이 욱씬거린다. 아, 이게 죽는 거구나. 이렇게 맞다가 죽는 거구나.
　운호는 영순에게 들은 이야기를 생각했다. 경성 서대문 형무소에 갇혀 잔인한 고문을 받다가 죽어 갔다는 독립투사들. 이야기만으로도 소름이 돋았던 그 이야기. 거꾸로 매달아 놓고 몽둥이로 때리는 건 기본이었다. 팔다리를 나무로 만든 십자 틀에 묶어 놓고 주전자로 입에 물 붓기. 온몸에 물을 가득 채운 다음 배를 발로 밟아 입, 코, 항문으로 물 빼내기. 관처럼 만든 나무 상자에 집어넣고 뚜껑을 덮고 못을 박아 죽음의 공포 주기. 뜨겁게 달군 인두로 가슴 지지기. 그중에서도 가장 진저리를 친 건 대나무 꼬챙이로 손톱 밑을 찌른다는 거였다. 아예 손톱을 뽑기도 한다고 했다.
　그 말을 들을 때 운호는 눈을 찔끔 감았다. 그러면서 혹독한 고문을 받다가 나라를 위해 죽어 간 독립투사들이 새삼 대단하다고 생각했다.

운호는 손발이 저리고 가슴이 울렁거렸다.

'나도 그렇게 죽겠구나.'

영순이 말했다. 20년 전 3월에는 독립 만세만 불렀는데도 잡혀가서 고문받다가 죽은 사람이 셀 수도 없다고. 그런데 우리 소년단은 벽보까지 붙였다. 만세 부르는 일보다 훨씬 더 지독하게 다룰 게 틀림없다.

운호는 살아날 길은 없을 거라고 생각했다.

'그렇다면 나는 당당하게 죽겠다.'

운호는 각오를 다졌다.

다음날도 운호는 취조실에 불려 갔다. 소년단은 하나씩 하나씩 불려 가 취조를 당하고 있었다. 비명은 밤낮 끊이지 않았다. 취조실에는 말로만 듣던 나무 십자 틀이 준비되어 있었다. 물고문에 쓰는 도구였다. 운호는 다리가 떨렸으나 굳게 마음을 먹고 떨리는 다리를 진정시켰다. 경무 주임이 십자 틀을 쓱 훑어보고는 운호에게 물었다.

"저 형틀은 네 대답에 따라 쓸 수도 있고 안 쓸 수도 있단다.

자, 고집부리지 말고 어서 배후를 말하렴."

경무 주임이 아기에게 말하듯 살살 달래는 목소리로 말했다. 운호는 고개를 흔들었다.

"누가 시켜서 한 일이 아니오. 나는 조선 사람으로서 조선 독립을 위해 당연히 할 일을 했을 뿐이오. 나는 그 이상 더는 할 말이 없소. 당신들 하고 싶은 대로 처단하시오."

운호는 더 이상 다리를 떨지 않았다. 말을 하다 보니 아랫배에서 단단하게 뭉쳐져서 가슴으로 치밀어오르는 것이 있었다. 운호는 아무것도 두렵지 않았다. 사형당할 것을 각오하고 나니 오히려 마음이 편안했다.

"어린놈이 아주 독종이로군!"

경무 주임 눈이 사나워졌다. 눈동자에 약간 붉은빛도 돌더니 외쳤다.

"묶어! 호된 맛을 봐야 불겠구만."

형사들이 달려들어 운호를 나무 십자 틀에 묶었다. 입에 호스를 물리고 주전자로 물을 부었다. 몸부림을 쳐 봐도 팔다리가 묶였으니 피할 길이 없다. 운호는 몇 번이나 까무러쳤다가 정신을 차리곤 했다.

고문과 취조는 날마다 이어졌다. 운호가 아무리 진실을 말해도 경무 주임은 믿지 않았다. 운호뿐 아니라 소년단 단원 전체가 그랬다. 일본 경찰은 결코 어린 소년단이 스스로 한 일이라고 볼 수 없었던 것이다. 분명히 배후에 국내나 국외의 독립운동단체가 있을 거라고 생각했다.

그러나 배후가 없는 걸 어떡하랴. 고문과 학대만 길어졌다. 독립운동을 한 소년들이라 하여 가족 면회도 철저하게 막았다. 운호 아버지는 많은 돈을 들였지만, 아들을 만나볼 수 없었다. 다만 좀 덜 때려 달라고 부탁하는 것이 다였다.

8월이 되었다. 3월에 독수리들 날개가 꺾여 갇혔는데 벌써 다섯 달이 흘러갔다. 제대로 먹지도 못하고 날마다 고문을 당하니 아이들 몸은 만신창이가 되었다. 하지만 일본 경찰은 배후를 밝히고야 말겠다며 아이들을 풀어 주지 않았다.

가족들은 날마다 울었다. 운호 어머니도 마찬가지였다. 하루도 눈물을 흘리지 않은 날이 없었다. 운호 어머니는 밥도 겨우겨우 목숨을 유지할 만큼만 먹었다. 그것도 가족이 강제로 떠먹여야만 목구멍을 넘겼다.

　폭염이 계속되었다. 더운 날 몸은 더 나빠진다. 유치장에 갇혀 날마다 두드려 맞는 아이들은 오죽하랴. 운호도 그 큰 키에 몸은 바짝 말라 마른 북어 같은 몰골이 보기에도 처참했다. 그런 운호를 일본 경찰이 끌고 장호원으로 갔다. 현장 검증을 한다는 거였다. 벽보를 실제로 붙인 선전부원 백운호와 김순철, 이상진이 수갑을 찬 채 호송차에 실려 왔다.

　소문을 듣고 수많은 인파가 몰려나왔다. 당연히 소년단 가족들은 다 나왔다. 호송차에서 내리는 세 아이 몰골은 상상 이상이었다.

　"아……."

　사람들은 눈을 부릅떴다. 분노에 몸을 떨었다. 다섯 달 동안 도대체 무슨 일을 겪었기에 저 모양인가. 뼈다귀가 남아 있어 사람의 형체를 하고 있을 뿐이었다. 얼굴 살도 겨우 흔적처럼 남았고 눈은 움푹 파였다. 그중에서 운호가 가장 비참했다. 키가 다른 아이들보다 머리 하나는 더 컸으니 말라비틀어진 몸이 더욱 돋보인 까닭이다.

어떤 사람은 혀를 차고 어떤 사람은 욕설을 내뱉었다. 가족도 아니요, 친지도 아닌 사람도 그러하니 부모 형제 심정은 형언할 수조차 없다. 순철과 상진 가족들의 오열이 터져 나왔고, 운호네도 마찬가지였다. 운호 아버지도 형도 쏟아지는 눈물을 주체할 수 없다.

그런데 운호 어머니가 좀 이상했다. 자꾸 손을 내저으면서 아버지에게 이렇게 물었다.

"우, 우리 운호는 어, 어디 있나요?"

"아니, 왜?"

운호 아버지는 의아한 표정으로 아내 얼굴을 살폈다. 그러다 가슴이 철렁했다. 운호 어머니 눈이 이상했다. 이리저리 앞을 내다보는 눈동자에 초점이 없었다. 어느 한곳을 집중해서 보지 못하는 것이었다. 바로 눈앞에 그토록 보고 싶어 했던 둘째 아들 운호가 있는데도, 눈동자는 다른 곳을 보고 있었다. 아니 눈동자가 흘러 다녔다.

"여, 여보, 당신."

그랬다. 운호 어머니는 눈이 멀어 버린 것이었다. 아들이 잡혀간 다섯 달 동안 흘린 피눈물이 시각마저 앗아가 버린 것이었다.

"아이고, 여보. 아이고, 운호야, 이놈아."

운호 아버지는 아내를 꼭 끌어안았다. 운호 어머니는 남편 품에서 벗어나려고 힘을 주며 "우리 운호는 어디?" 하며 사방을 허둥거렸다. 운호 형도 어깨를 들썩이며 흐느낌을 멈추지 못했다.

겨우 목숨만 붙은 듯한 아이들을 일본 경찰은 채찍을 휘두르며 끌고 다녔다. 공중변소, 큰 건물 벽, 전봇대들, 경기버스 정류장 등 아이들은 휘청거리며 걸었다. 일부러 모인 사람들 보라고 일본 경찰은 더 혹독하게 행동했다. 그 장면을 보는 아이고 어른이고 두 번 다시는 벽보 붙이는 일 따위는 꿈도 꾸지 못하도록 단단히 겁을 주겠다는 생각이 보였다.

하지만 그 의도는 거꾸로 맞았다. 아이들이 잔인하게 맞는 장면을 지켜보는 장호원 사람들 눈에 핏발이 섰다.

"세상에 저런 악마가 있나!"

"주리를 틀 놈들. 그 위세가 언제까지 가나 보자."

하나같이 일본 경찰을 원망하며 오히려 독립의 염원을 다지는 것이었다.

운호는 비틀거리지 않고 몸을 똑바로 가누려고 무진 애를 썼다. 거리가 멀어 흐릿하긴 해도 분명 아버지, 어머니와 형 얼굴을 봤기 때문이다. 세상 누구보다 사랑하는 가족, 그들을 덜 가슴 아프게 하는 길은 내가 당당한 모습을 보이는 것이라고 운호는 생각했다. 하지만 운호는 어머니가 자기를 알아보지 못하고 있다는 것은 전혀 알 수가 없었다.

9월이 되어서도 고문과 학대는 날마다 이어졌다. 운호는 하루빨리 죽고 싶을 정도였다. 잊을 만하면 다시 시작되는 고통은 훨씬 참기가 힘들었다. 고문을 받다가 정신을 잃을 때쯤이면 그대로 죽어서 다시 깨어나지 않기를 바랐다. 그러나 질긴 목숨은 다시 눈을 떴다.

온몸에 성한 곳이 없었다. 제대로 치료받지 못해 상처가 곪아서 다리와 팔에서는 진물이 흘렀다. 이제 어지간한 매질은 감각도 없을 지경이 되었다.

그러던 어느 날이었다. 조선인 형사가 운호에게 와서 말했다.

"이제 경찰 조사는 끝났다."

"예?"

"너희들 배후는 없는 것으로 결정났다. 박영순이 지도한 걸로 볼 수밖에 없다는 결론이다. 따라와."

형사가 운호를 데려간 곳은 숙직실이었다. 취조실과는 분위기가 사뭇 달랐다. 매질하는 몽둥이도 없고, 물고문하는 나무 십자 틀도 없다. 간이침대와 이부자리와 책이 놓인 책장도 있다. 운호는 한결 마음이 놓이면서 뭔가 오래전 잃어버렸던 일상으로 되돌아온 느낌마저 들었다.

양복을 입은 젊은 남자가 무표정한 얼굴로 두 사람을 맞이했다. 그 남자는 책상 앞 나무 의자에 앉아 서류를 들여다보는 중이었다. 형사가 말했다.

"검사님, 데려왔습니다. 백운호입니다."

"알았소. 그만 나가 보시오."

검사는 형사를 내보내고 운호를 손짓으로 불렀다. 운호가 다가가자 검사가 옆에 놓인 철제 의자를 가리켰다.

"거기 앉아라. 가만, 그 수갑은 좀 풀자."

검사는 책상 위에 놓인 열쇠를 들어 운호 손목의 수갑을 풀었다.

"아이고, 어쩜 이렇게……."

검사가 운호의 깡마른 손목과 팔을 어루만지며 말했다. 그 손길이 부드러웠다. 아픔을 어루만져 주는 어머니 손길이라도 되는 듯했다. 검사가 부드러운 목소리로 물었다.

"왜 그랬니? 이토록 어린 나이에, 뭘 안다고. 이 고초를 겪을 것도 모르고, 그런 만용을 부렸어?"

운호는 팔을 흔들어 검사 손길을 떼어 냈다. 검사가 하는 말이 영 마음에 들지 않아서였다.

"뭘 알다니요? 남의 나라를 빼앗은 게 나쁘다는 것을 알지요. 남의 나라 국민을 멸시하고 모욕하는 게 못된 짓임을 알지요. 조선은 조선대로 독립하고 일본은 일본으로 돌아가야 함을 알지요. 나는 죽음을 각오하고 있소. 목숨을 걸고 한 일이 어째 만용이란 거요?"

운호 목소리에는 힘이 넘쳤다. 뼈도 아프고 살도 아팠지만 운호는 허리를 쭉 펴고 앉았다. 당당한 태도와 힘 있는 운호 목소리에 검사가 눈을 둥그렇게 떴다. 내심 놀라는 눈치였다. 검사가 고개를 살짝 끄덕이더니 말했다.

"알겠다. 네 태도를 보니 알겠어. 배후가 없다는 걸."

그러고는 서류를 하나 내밀었다.

"읽어 보고 지장을 찍어라."

운호는 서류를 들여다보았다. 장호원 황취소년단 조서였다. 황취소년단은 단장 박영순 지도 아래 소년 열네 명이 스스로의 의사로 조직하여 활동한 단체라는 내용이었다. 그리고 운호네 소년단이 한 일이 조목조목 나열되어 있었다. 이상 없는 내용이었다. 운호는 엄지손가락에 빨간 인주를 묻혀 자기 이름 뒤에 찍었다.

9월 24일, 운호와 단원들은 약식 재판을 받고 석방되었다. 3월 19일 밤에 잡힌 뒤 딱 6개월 만이었다. 그러나 단 한 명, 단장인 박영순은 석방되지 못했다. 단원 열세 명은 형사미성년자이기도 하고 단장만큼 책임이 무겁지 않다고 봤다. 하지만 영순은 나이도 열일곱 살인데다 단장으로서 책임을 지워 검사국으로 넘겼다.

검사국에서는 영순을 정식 재판에 넘겨 경성지방법원에서 재판받게 되었다. 법원에서는 치안유지법 위반으로 단기 2년에 장

기 3년 징역형을 선고하였다. 재판은 1943년 2월에야 마무리되어 영순은 인천형무소에 수감되었다.

운호는 경찰서에 잡혀 있는 동안 학교에 다니지 못하여 6학년을 다시 다녀야 했다. 운호 아버지는 경성에 집을 마련하여 운호를 장호원에서 떠나게 하였다. 운호는 경성아현국민학교 6학년에 전입하였다.

아카시아 향이 가득한 5월, 운호는 인천형무소로 갔다. 영순을 면회하기 위해서였다. 영순은 3개월 옥살이 동안 적응이 되었는지 한결 편안해 보였다. 벽보를 붙이고, 잡히고, 고문받고, 석방되고, 재판받고 하느라 무려 일 년 만에 만난 자리였다.

"여, 운호. 키가 더 컸네? 몰라 보겠어."

영순이 소리 내어 껄껄 웃었다.

"맞아, 형. 고문을 죽도록 당했는데도 성장할 힘이 남아 있었나 봐."

"그래, 그래. 감히 우리 독수리를 누가 죽여. 나도 지금 갇혀 있지만 조금도 기가 죽지 않았잖아."

"당연하지. 형이 누군데. 독수리소년단 단장이잖아. 독수리소년단원들 배후고. 후훗!"

"배후는 무슨. 우리가 다 같이 한 거지."

영순이 빙긋 웃고는 좀 아쉽다는 얼굴로 말했다.

"감옥에 있어 만주로 못 가는 건 아깝다. 열여덟 살이 되면 독립군이 되려고 했는데 말이야. 총을 들고 일본군과 싸워야 하는데."

운호가 고개를 흔들었다.

"아냐, 형. 형은 이미 독립군이야. 만주에만 독립군이 있는 건 아니잖아. 난 나라 안에서 독립운동을 하는 것도 정말 중요하다고 생각해. 형은 감옥에 있는 독립군이야."

"감옥의 독립군? 그것 참 그럴 듯한데?"

영순이 흐뭇하게 웃으며 운호를 추켜세웠다.

"역시 우리 소년단 선전부답다. 멋진 표현이야."

"고마워, 형. 건강하게 있다가 나와. 2년 만에 나올 수도 있으니까. 잘 견디길 바라. 내가 자주 면회 올게."

"걱정은 붙들어 매. 난 잘 지내니까. 네 말대로 감옥의 독립군으로 말이야."

짧은 면회 시간은 빠르게 지나갔다. 서로 격려하는 눈빛으로 인사를 나누고 둘은 헤어졌다.

그러나 여전히 일본군은 승승장구 중이었다. 좀처럼 질 줄을 몰랐다. 중국 대륙에서, 동남아에서, 태평양 바다와 하늘에서도 일본군은 날마다 승전고를 울리는 중이었다.

운호네 소년단이 그토록 바라는 독립은 언제 이루어질지 알 수 없는 캄캄한 어둠 속이었다. 그렇다고 운호는 좌절하지 않았다. 지나치게 밝으면 다시 어두워진다고, 언젠가 영순이 한 말이 생각났다. 지금 일본은 지나치게 밝은 것이 아니겠냐고 운호는 생각했다. 머지않아 곧 일본은 어둠 속으로 들어갈 거라는 예감이 강하게 들었다.

인천형무소를 나와 경성 집으로 돌아오면서, 운호는 각오를 다졌다. 벽보를 붙이던 그때와 같은 똑같은 순간이 또 와도 나는 주저하지 않고 행동하리라, 하는 다짐을.

| 작가의 말 |

기억해야 마땅한 이름들

　석방된 독수리 소년들은 그해 9월 30일경 다시 장호원경찰주재소 순사들에게 잡혀갔다. 어린 나이에 사상이 불온하니, 건전한 생각을 갖도록 사상을 보호해야 한다는 것이었다. 결국 상당 기간 사상보호관찰소라는 건물에 갇혀 수형생활을 해야 했다.
　지독한 고문 때문에 소년들은 모두 후유증이 심했다. 곪은 상처에서는 화농이 생겨 커다란 흉터가 남았다. 혈기가 왕성한 소년들이라 모진 고문을 이겨 내고 대부분 살아남았지만, 박승연 단원은 끝내 목숨을 잃고 말았다. 박승연은 1944년 열일곱 살이 되던 해에 고문받다 석방된 지 2년을 채 넘기지 못하고 숨을 거두었다.

　박영순은 만 2년 6개월 형기를 마치고 1945년 2월 11일 출옥했다. 하지만 곧바로 집에 돌아가지 못하고 경성 뚝섬에 있는 사상보호관찰소에 갇혔다. 수형생활 중 병이 들자 5월이 되어서야 풀려났다. 그리고 그해 8월 15일 일본은 연합군에게 무조건 항복하여 조선도 해방되었다.

그러나 독수리소년단 활동은 오랜 세월 독립운동으로 인정받지 못하였다. 1977년이 되어서야 단장 박영순이 독립운동 공로로 겨우 혼자 대통령 표창을 받았다. 박영순은 1990년에 공로가 더 인정되어 건국훈장 애족장을 다시 받았다. 그러고도 더욱 오랜 세월이 흘러 2019년에 와서야 백운호, 박기하, 곽태현 3명이 독립운동 유공자로 인정되어 대통령 표창을 받았다. 하지만 아직 단원 중 10명은 표창이나 훈장을 받지 못한 상태이다.

나라에서 주는 훈장이나 표창 대신 몸에 남은 고문의 흉터로 독수리 소년들 독립운동은 증명된다. 이제 독수리 소년들은 다 고인이 되어 그 흉터도 볼 길이 없다. 다만 이제 이야기로 써서 그들을 기리는 수밖에 없다.

이 글을 독수리 소년들에게 바친다.

장주식

백운호 선생 아들 백인권이 말하는
독수리소년단

우연이 겹치면 필연이라 했던가요? 동화《독수리소년단》이 세상에 나온 것은 필연인 것 같습니다. 이 동화로 아직까지 독립유공자로 인정받지 못한 단원 열 분이 독립유공자로 인정받는 퍼즐의 마지막 조각이 되기를 기대합니다.

첫 번째 우연은 부산에 사시던 박영순 단장님이 독립유공자로 표창을 받은 것입니다. 단장님은 독수리소년단원 열네 명에 대한 수사 기록이나 재판 기록 들이 교도소나 경찰서에 있었을 터인데, 6·25 전쟁으로 소실되어 독수리소년단의 항일운동에 대한 공식 증거를 찾을 수 없게 되면 어떡하나 하고 우려하셨다고 합니다. 그래서 저의 아버지한테 국립과학수사연구원의 지인에게 당시 사건의 증거가 될 만한 것을 찾아 줄 것을 부탁하여, 박영순 단장님과 아버님 등 몇 분의 일제강점기 신분장(범죄인의 지문이

찍힌 서류)을 발견하였고, 이를 증거로 제시하여 독립유공자로 인정받게 되었습니다.

두 번째 우연은 2018년에 아버님 문갑에서 낡고 빛바랜 누런 행정봉투에서 40년 전의 독립유공자 포상신청서 뭉치를 찾아낸 것입니다. 아버님께 얼핏 들었던 독수리소년단 박영순 단장님과 아버님의 활동 내역을 정리한 포상신청서인데, 당시 현장을 목격한 여러 증인들의 인우 보증, 신분장 사본 등이 함께 있었습니다.

그 서류들을 살펴보면서 첫째로 알퐁스 도테의 〈마지막 수업〉에 나온 어린이들보다 더 조직적이고 적극적인 애국 소년단이 우리나라에서 활동했는데 이런 이야기가 그냥 묻혀 버리면 안 되겠다고 생각했습니다. 둘째로는 아버님의 공훈을 다시 심사해 달라고 청원을 해야겠다고 생각했습니다. 그래서 바로 보훈처로 찾아갔고 재심 결과 대통령 표창을 친히 수여받게 되었습니다. 많이 늦었지만 그 동안 아버님 마음에 맺혔던 응어리를 풀어 드린 것 같아 자식으로서 감사한 시간이었습니다.

세 번째 우연은 아버님이 애국지사로 인정받고 2년 반이 지나 2022년 3월에 소천하셨는데, 그 부고를 신문에서 보고 이주영 박사님이 빈소로 찾아오셨습니다. 후에 제가 귀국하여 이 박사님과 이 소설을 쓴 장주식 작가님을 함께 만나게 되었습니다. 장주식 작가님은 저와 인터뷰를 하고, 이를 토대로 자료 조사와 취재를 많이 하여, 하마터면 묻혀 버릴 뻔했던 독수리소년단 이야기에 생명을 불어넣어 이렇게 세상에 나오게 하였습니다.

우리 민족을 대표하던 당시 유명 인사들이 하나둘 친일 대열에 가담하던 그 엄혹한 시기에, 십대 소년들이 독립운동을 감행하였다는 사실이 실감 나지 않았습니다. 독립운동은 안중근 의사나 윤봉길 의사, 유관순 열사 같은 분들만 하는 것으로 알았습니다.

독수리소년단 활동을 이렇게 구체적인 증거와 자료를 갖고 사실에 기반한 이야기로 대하게 되니, 독수리소년단 열네 명 단원들의 독립을 위한 열정과 그 불굴의 정신은 어떤 독립운동 영웅

못지 않고, 우리 독립운동사의 한 페이지를 차지하기에 전혀 부족하지 않은 위대한 쾌거인 것을 알겠습니다.

아버님 양쪽 정강이에 오백원짜리 동전 크기만한 흉터가 있어 제가 어렸을 때 특별히 맨질맨질한 그 부분을 손으로 만지면서 놀았습니다. 그런데 나중에야 그것이 일제한테 고문받은 상처인 것을 박영순 단장 아저씨께 들어서 알게 되었습니다. 그리고 할머니는 앞을 보지 못해 아랫목에 늘 부처처럼 앉아 계셨던 게 생각납니다. 18년 만에 얻은 귀한 아들이 벽서사건으로 일본 경찰에 체포되어 생사를 알 수 없는 지경에 몰리자 그 스트레스로 할머니는 장님이 되었고, 결국 일찍 돌아가시게 되었습니다.

아버님은 6·25 전쟁이 발발하자 육군으로 참전하셨고, 휴전이 되자 전역하여 당시 체신부 최연소 3급 공무원 사무관으로 임관하여 근무하시다 청렴하고 성실한 공무원으로 정년퇴임을 하셨습니다.

언젠가 제가 "아버님께서 명예롭게 정년퇴임을 하시니 감사하다"고 말씀드렸더니, 아버님은 "공직 생활하면서 왜 유혹이 없었겠니? 하지만 어떤 경우에도 내가 독립운동을 한 사람임을 잊을 순 없었지"라고 하신 말씀이 기억납니다

아버님은 과묵하셨지만 제가 장교가 되기를 권유하셔서 학사장교로 군 생활을 하였습니다. 소대장을 할 때 아버님은 부대원들이 필요한 것들을 채워 주시고 많은 관심을 보여 주어 대원들 중에는 아버님을 소대장으로 부르는 이들도 있었습니다. 또 제가 대학원 졸업논문 제목을 〈대일 무역수지 개선방안에 관한 연구〉로 정한 것은 '경제, 문화 독립이 되어야 진정한 독립'이라는 평소 아버님의 가르침의 영향이었습니다.

이 책은 애국영웅 열네 분의 이야기이므로 그분들의 유족들이 모두 참여하여 더 풍부한 내용으로 나왔어야 했습니다. 그러나 불행하게도 소년단원 두 분은 석방되고 나서 얼마 후에 고문후유증으로 젊은 나이에 돌아가셨고, 다른 단원들도 흩어져서 지금은 유족을 찾을 길이 없습니다. 제가 부득이 유족을 대표하여

이 글을 쓰게 되었습니다.

　마지막으로 독수리소년단 단원의 유족들이 함께하여 아직까지 독립유공자로 인정받지 못한 남은 열 분의 명예를 찾아 드릴 수 있기를 간절히 소원합니다.

　　　　　　　　　　　　　　　　　백운호 선생의 아들 백인권

글 장주식
오랫동안 동화와 소설을 써 왔다. 동화《그해 여름의 복수》,《민율이와 특별한 친구들》,《소가 돌아온다》,《좀 웃기는 친구 두두》 등과 청소년 소설《제로》,《순간들》,《어쩌다 보니 왕따》(공저),《길안》 등을 펴냈다. 고전도 좋아하여 사람들과 강독을 해 왔는데 그 결과로《논어의 발견》,《논어 인문학 1,2》,《노자와 평화》 등을 썼다.
남한강이 흐르는 강촌에 사는데 최근 몇 년 동안 강에 얼음이 꽝꽝 어는 것을 보지 못했다. 자연이 만든 얼음에서 썰매를 타는 것도 먼 옛이야기가 되고 말았다.

그림 시은경
홍익대학교에서 시각디자인을 공부하고 한국일러스트레이션 학교에서 그림책을 공부했습니다. 흰머리 할머니가 될 때까지 따뜻하고 재미있는 그림을 그리려고 합니다.
그린 책으로《이래도 돼요?》,《서천꽃밭 가는 길》,《조지 할아버지와 6·25》,《나는 통일이 좋아요》,《떴다! 지식탐험대-민속》,《열 살에 배운 법 백 살 간다》,《똑똑한 젓가락》 등이 있습니다.